Inteligencia Artificial:
Fundamentos, Aplicaciones y Futuro

ICB Editores (Interconsulting Bureau S.L.)
C/ Flauta Mágica, 1 local 1B
P.I. Alameda 29006 – Málaga. España
Tfno: (+34) 952 28 87 67
info@icbeditores.com
www.icbeditores.com

Inteligencia Artificial: Fundamentos, Aplicaciones y Futuro

1ª edición, 09/2024

ISBN: 978-84-10261-99-0

Impreso en España - *Printed in Spain*

Código: MAIC005126

C.20230330104138 - M.20240509121606

ÍNDICE

1. Inteligencia Artificial

1.1. Fundamentos, Avances y Perspectivas de la Inteligencia Artificial

1.2. Exploración de la Inteligencia Artificial

1.3. El Impacto Transformador de la Inteligencia Artificial en Diversos Sectores

MÓDULO

1. Inteligencia Artificial

Contenido del Módulo

UNIDAD

1.1. Fundamentos, Avances y Perspectivas de la Inteligencia Artificial

Contenido de la Unidad

- Introducción a la IA
- Fundamentos y Pruebas Iniciales
- Hitos Significativos en IA
- Avances en Interacción Humano-Computadora
- La Era Contemporánea de la IA
- Reflexiones Finales
- Resumen

ICB
EDITORES

1. Introducción a la IA

1.1. Propósito y Alcance

La Inteligencia Artificial (IA) se ha erigido como una de las disciplinas más prometedoras y revolucionarias dentro del ámbito tecnológico, con el potencial de transformar radicalmente la sociedad, la economía y nuestra vida cotidiana. El propósito de introducirnos en el estudio de la IA es doble: por un lado, comprender los fundamentos teóricos y prácticos que constituyen esta tecnología avanzada; por otro, analizar las aplicaciones y repercusiones que tiene en diversos sectores.

Este campo, en constante evolución, abarca desde sistemas capaces de realizar tareas que, normalmente, requieren de la inteligencia humana, como el reconocimiento de patrones, la interpretación del lenguaje natural y la toma de decisiones, hasta el desarrollo de algoritmos que permiten a las máquinas aprender de la experiencia y mejorar su rendimiento con el tiempo.

El alcance de la IA es vasto y multidisciplinario, involucrando áreas como la robótica, la visión por computadora, el procesamiento del lenguaje natural, y más. Su aplicación se extiende a sectores tan variados como la medicina, donde facilita diagnósticos más precisos y tratamientos personalizados; la economía, optimizando procesos y sistemas financieros; la educación, mediante sistemas tutoriales inteligentes; y la sostenibilidad ambiental, a través de la optimización de recursos y la reducción de residuos.

Además, se busca desmitificar la IA, diferenciando entre las expectativas generadas por la ciencia ficción y las realidades técnicas actuales. Se pretende dotar a los estudiantes de una perspectiva crítica sobre los desafíos éticos y sociales que plantea la integración de sistemas inteligentes en la sociedad, como la privacidad, la seguridad y el impacto en el empleo.

En resumen, el propósito de adentrarnos en el estudio de la Inteligencia Artificial es brindar una comprensión holística de sus principios, su desarrollo y su potencial para influir en el futuro de la humanidad, preparando a los estudiantes para navegar y contribuir en un mundo cada vez más influenciado por esta tecnología disruptiva.

1.2. Panorama General

El panorama general de la Inteligencia Artificial (IA) se presenta como un vasto y complejo mosaico de tecnologías, aplicaciones y teorías que se entrelazan para dar forma a una de las áreas más dinámicas e influyentes del conocimiento humano actual. En su esencia, busca emular las capacidades cognitivas humanas a través de máquinas, permitiendo que estas realicen tareas que tradicionalmente requerirían inteligencia, como el aprendizaje, el razonamiento, la percepción, la comprensión del lenguaje y la creatividad.

Desde sus inicios en la década de 1950, cuando los pioneros de la computación comenzaron a explorar la posibilidad de crear máquinas que pensaran, la IA ha experimentado varias "épocas doradas" e "inviernos", alternando periodos de intenso optimismo y avances significativos con otros de escepticismo y desilusión. No obstante, las últimas décadas han sido testigos de un progreso sin precedentes, impulsado por el aumento exponencial en la capacidad de procesamiento de las computadoras, la disponibilidad masiva de datos y los avances en algoritmos de aprendizaje automático y redes neuronales.

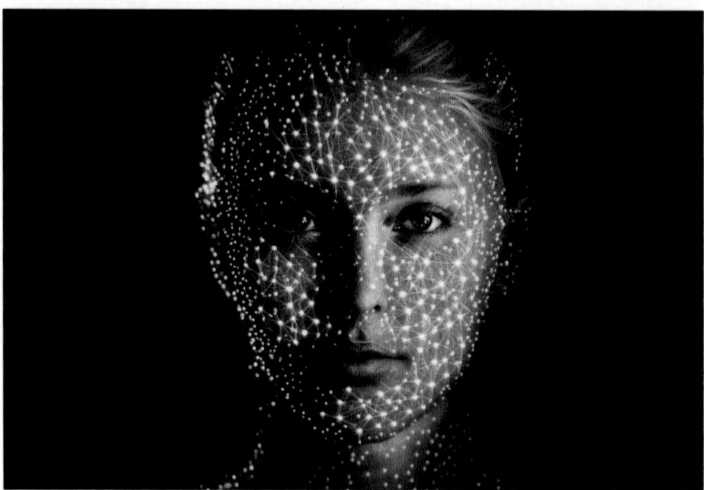

Este avance ha llevado a la IA a un punto de inflexión, donde su presencia se hace sentir en prácticamente todos los aspectos de la vida moderna. En el ámbito empresarial, por ejemplo, la IA está redefiniendo industrias enteras, automatizando procesos, mejorando la toma de decisiones y personalizando la experiencia del cliente.

En el sector salud, está transformando el diagnóstico y tratamiento de enfermedades, mientras que, en el campo de la investigación científica, acelera el descubrimiento de nuevos conocimientos.

Sin embargo, el rápido desarrollo de la IA también plantea interrogantes críticos sobre su gobernanza, ética y el futuro del trabajo. La automatización impulsada por la IA promete aumentar la eficiencia y liberar a los humanos de tareas repetitivas, pero también conlleva el riesgo de desplazamiento laboral y desigualdades económicas. Del mismo modo, el uso de sistemas de IA en la toma de decisiones críticas suscita preocupaciones sobre la transparencia, la justicia y la responsabilidad.

A nivel global, la carrera por el liderazgo en IA ha desencadenado importantes inversiones por parte de gobiernos, empresas y organizaciones académicas, marcando la IA como un campo estratégico en la geopolítica y la economía mundial. Esta dinámica refleja no solo el reconocimiento de su potencial transformador, sino también la necesidad de abordar colectivamente los desafíos que presenta.

En resumen, el panorama general de la IA es uno de gran promesa y desafío. Mientras continuamos explorando los límites de lo que la tecnología puede lograr, también debemos considerar cuidadosamente las implicaciones de su integración en la sociedad, asegurando que su desarrollo y aplicación se realicen de manera que beneficie a la humanidad en su conjunto.

2. Fundamentos y Pruebas Iniciales

2.1. Conceptualización: La Prueba de Turing

La Prueba de Turing, concebida por el matemático y científico de la computación británico Alan Turing en 1950, se establece como uno de los conceptos fundacionales en el campo de la Inteligencia Artificial (IA). Su propuesta, originalmente denominada "el juego de imitación", fue introducida en su histórico ensayo "Computing Machinery and Intelligence", planteando una metodología para determinar si una máquina puede exhibir un comportamiento inteligente indistinguible del humano.

La esencia de la Prueba de Turing reside en su simplicidad: un interrogador humano se comunica mediante una interfaz de texto con dos participantes ocultos, uno humano y el otro una máquina. El interrogador debe determinar cuál de los participantes es la máquina, basándose únicamente en sus respuestas a una serie de preguntas. Si el interrogador no logra distinguir de manera confiable entre el humano y la máquina, se dice que la máquina ha pasado la prueba, demostrando así una forma de inteligencia artificial.

Más allá de su aplicación práctica, la Prueba de Turing ha sido fundamental para impulsar el debate filosófico y teórico sobre la naturaleza de la mente, la inteligencia y la posibilidad de que las máquinas "piensen". Aunque ha sido objeto de críticas y variantes a lo largo de los años, la prueba sigue siendo un referente en las discusiones sobre IA, cuestionando las fronteras entre la inteligencia artificial y la natural.

La relevancia de la Prueba de Turing en la conceptualización de la IA no solo radica en su criterio para evaluar la inteligencia artificial, sino también en el hecho de que desafía nuestra comprensión de la inteligencia humana y la capacidad de las máquinas para emularla. Este enfoque en la indistinguibilidad entre humanos y máquinas ha guiado la investigación y el desarrollo en IA, especialmente en áreas como el procesamiento del lenguaje natural y la generación de respuestas coherentes y contextuales por parte de sistemas informáticos.

La Prueba de Turing, por lo tanto, no solo sirve como un punto de partida histórico para el estudio de la IA, sino que continúa alimentando el diálogo interdisciplinario sobre las implicaciones éticas, sociales y tecnológicas de las máquinas que pueden imitar aspectos de la inteligencia humana. Su legado se extiende más allá de una simple prueba, convirtiéndose en un símbolo de los retos y aspiraciones que caracterizan la búsqueda de la inteligencia artificial.

2.2. Los Primeros Pasos: La Conferencia de Dartmouth

La Conferencia de Dartmouth, celebrada en el verano de 1956 en Dartmouth College, New Hampshire, Estados Unidos, marca el nacimiento oficial de la Inteligencia Artificial como campo de estudio autónomo.

Convocada por John McCarthy, Marvin Minsky, Nathaniel Rochester y Claude Shannon, la conferencia reunió a un grupo selecto de investigadores con el propósito de explorar cómo las máquinas podrían ser utilizadas para simular diversos aspectos de la inteligencia humana.

En su propuesta original para la conferencia, McCarthy y sus colegas expresaron su optimismo sobre la IA, sugiriendo que "cualquier aspecto del aprendizaje o cualquier otra característica de la inteligencia puede, en principio, ser tan precisamente descrito que una máquina puede ser diseñada para simularlo". Este enfoque ambicioso reflejaba la creencia en el potencial de las máquinas para no solo automatizar tareas, sino también para emular capacidades cognitivas complejas, como el razonamiento y la solución de problemas.

La Conferencia de Dartmouth se convirtió en un punto de encuentro clave para los pioneros en el campo, facilitando un intercambio de ideas que sentaría las bases conceptuales y técnicas de la IA. Durante este encuentro, se discutieron temas fundamentales como los algoritmos de aprendizaje, la representación del conocimiento, y la posibilidad de que las máquinas utilizaran el lenguaje natural. Además, se plantearon los primeros debates sobre los retos éticos y sociales que acompañarían al desarrollo de la IA.

Aunque la conferencia no produjo resultados inmediatos en términos de avances tecnológicos concretos, su importancia histórica es incuestionable. Proporcionó un marco para la colaboración futura y estableció la IA como un área de investigación legítima, atrayendo la atención y los recursos necesarios para su desarrollo.

La Conferencia de Dartmouth simboliza el optimismo y la visión de futuro de los primeros investigadores de IA, que veían en esta tecnología emergente un horizonte lleno de posibilidades.

En retrospectiva, la Conferencia de Dartmouth fue el catalizador que impulsó el desarrollo acelerado de la IA en las décadas siguientes. A través de este evento fundacional, se consolidó una comunidad de investigadores dedicados a explorar la frontera entre la computación y la inteligencia, dando inicio a una jornada de descubrimientos, desafíos y debates que continúan modelando el campo de la Inteligencia Artificial hasta el día de hoy.

3. Hitos Significativos en IA

3.1. El Ajedrecista: Deep Blue

Deep Blue, una supercomputadora desarrollada por IBM, marcó un hito histórico en el campo de la Inteligencia Artificial al derrotar al campeón mundial de ajedrez, Garry Kasparov, en mayo de 1997. Este evento no solo fue significativo por ser la primera vez que una máquina venció a un campeón mundial de ajedrez en un torneo bajo condiciones de juego estándar, sino también por lo que representó en términos del avance de la IA y su capacidad para resolver problemas complejos y realizar tareas que requieren un alto nivel de inteligencia cognitiva.

Deep Blue combinó la fuerza bruta de procesamiento, con la capacidad de evaluar 200 millones de posiciones por segundo, junto con algoritmos avanzados de ajedrez y una base de datos de aperturas y finales de partidas. A diferencia de los sistemas de IA que aprenden y adaptan su juego a través del aprendizaje automático, Deep Blue se basaba en una combinación de hardware especializado y software optimizado diseñado específicamente para el ajedrez, lo que le permitía anticipar y calcular una enorme cantidad de posibles movimientos y contramovimientos.

La victoria de Deep Blue sobre Kasparov fue un momento crucial que capturó la imaginación del público y generó debates en todo el mundo sobre el futuro de la IA y su interacción con la inteligencia humana.

Aunque algunos argumentaron que la victoria de Deep Blue se debía más a su capacidad de cálculo superior que a una "inteligencia" genuina, el evento indudablemente demostró el potencial de las máquinas para desempeñar tareas que requieren procesamiento complejo y toma de decisiones estratégicas.

El legado de Deep Blue trasciende el ámbito del ajedrez; abrió el camino para el desarrollo de sistemas de IA más avanzados capaces de abordar problemas en diversos campos, desde la investigación científica hasta la medicina diagnóstica. El encuentro entre Kasparov y Deep Blue permanece como un símbolo de la intersección entre la inteligencia humana y artificial, destacando tanto las capacidades como los límites de las máquinas en la era moderna de la tecnología.

3.2. La Competencia de Vehículos Autónomos: DARPA Grand Challenge

El DARPA Grand Challenge, organizado por la Agencia de Proyectos de Investigación Avanzados de Defensa de los Estados Unidos (DARPA, por sus siglas en inglés), representa uno de los hitos más significativos en el desarrollo y demostración de tecnologías de vehículos autónomos. Este concurso, inaugurado en 2004, fue diseñado para acelerar la investigación y el desarrollo en el campo de la conducción autónoma, con el objetivo de fomentar la creación de vehículos que pudieran navegar de forma independiente en terrenos difíciles sin intervención humana.

La primera edición del DARPA Grand Challenge invitó a equipos de todo el mundo a construir vehículos autónomos capaces de recorrer un trayecto de aproximadamente 150 millas a través del desierto de Mojave, en Estados Unidos. A pesar de que ningún vehículo completó el recorrido en el primer año, el evento atrajo una gran atención y estableció un sólido punto de partida para futuras investigaciones en el área.

El segundo DARPA Grand Challenge, celebrado en 2005, vio una mejora significativa en las tecnologías de vehículos autónomos, con varios equipos completando el recorrido. Este rápido avance demostró la viabilidad de los sistemas de conducción autónoma y el potencial de la IA para navegar y tomar decisiones en entornos complejos y no estructurados.

El éxito del Grand Challenge impulsó no solo el desarrollo de vehículos autónomos para aplicaciones militares, sino que también estimuló el interés y la inversión en el sector automotriz civil. Las innovaciones tecnológicas derivadas de la competencia, como los sistemas avanzados de percepción, algoritmos de planificación de rutas y técnicas de aprendizaje automático, han sido fundamentales para el desarrollo posterior de los vehículos autónomos comerciales.

Además, el DARPA Grand Challenge jugó un papel crucial en la construcción de una comunidad global de investigadores, ingenieros y entusiastas de la tecnología interesados en explorar y superar los límites de la IA y la robótica. Al hacerlo, contribuyó a establecer las bases para las futuras competencias y colaboraciones en el campo de la conducción autónoma, acelerando el camino hacia sistemas de transporte más seguros, eficientes y accesibles para todos.

3.3. Watson: Revolucionando el Procesamiento del Lenguaje Natural

Watson, el sistema de inteligencia artificial desarrollado por IBM, marcó un punto de inflexión en el campo del procesamiento del lenguaje natural (PLN) y la capacidad de las máquinas para entender, interpretar y responder a la lengua humana. Su momento más destacado llegó en 2011, ¡cuando Watson compitió y ganó en el programa de televisión "Jeopardy!", un concurso de preguntas y respuestas que requiere una amplia gama de conocimientos y la capacidad de entender sutilezas del lenguaje, como ironías, metáforas y juegos de palabras.

La victoria de Watson no solo fue un espectáculo mediático; representó una demostración sin precedentes de la capacidad de la IA para procesar y analizar grandes cantidades de información no estructurada en tiempo real, comprendiendo el lenguaje natural y generando respuestas precisas y relevantes. Watson fue diseñado con una arquitectura avanzada que le permitía acceder a una vasta biblioteca de datos, incluyendo libros, diccionarios, enciclopedias y contenido web, procesando esta información mediante algoritmos de PLN, aprendizaje automático y análisis semántico.

El impacto de Watson en el PLN y en campos relacionados ha sido profundo y de largo alcance. Sus tecnologías subyacentes han impulsado el desarrollo de aplicaciones en una amplia variedad de sectores, desde el cuidado de la salud, donde asiste en el diagnóstico y tratamiento personalizado de enfermedades, hasta el sector financiero, mejorando el servicio al cliente y la gestión del riesgo. Watson ha demostrado que la IA puede no solo interactuar de manera efectiva en lenguaje natural con los humanos, sino también ayudar a tomar decisiones basadas en el análisis de grandes volúmenes de datos.

Además, Watson ha estimulado la innovación en la IA y el PLN, inspirando el desarrollo de nuevos sistemas y aplicaciones que buscan emular y expandir sus capacidades. La plataforma ha evolucionado para ofrecer una gama de servicios de IA como Watson Assistant, que permite a las empresas construir interfaces conversacionales sofisticadas, y Watson Discovery, que proporciona potentes herramientas de búsqueda y análisis de contenido.

La contribución de Watson al avance del PLN y la IA en general subraya el potencial de estas tecnologías para transformar la manera en que interactuamos con las máquinas, accedemos a la información y tomamos decisiones, marcando un antes y un después en la relación entre la inteligencia artificial y el lenguaje humano.

3.4. Google Brain: Avances en Aprendizaje Profundo

Google Brain, un proyecto de investigación en inteligencia artificial desarrollado por Google, ha sido un actor clave en el avance y la popularización del aprendizaje profundo, una rama de la inteligencia artificial que se centra en las redes neuronales artificiales con muchas capas. Desde su creación en la década de 2010, Google Brain ha impulsado innovaciones significativas en este campo, contribuyendo a avances tecnológicos que han transformado una amplia gama de industrias y aplicaciones.

Uno de los primeros y más resonantes éxitos de Google Brain fue el desarrollo de redes neuronales que lograron identificar y categorizar imágenes de gatos en videos de YouTube sin supervisión previa, demostrando la capacidad de las máquinas para aprender y mejorar a partir de grandes cantidades de datos no estructurados. Este logro no solo fue un hito en el aprendizaje automático, sino que también sirvió para ilustrar el potencial del aprendizaje profundo para realizar tareas de percepción complejas que antes se consideraban exclusivas del dominio humano.

El trabajo de Google Brain abarca desde la mejora de los algoritmos de búsqueda de Google y el desarrollo de tecnologías de reconocimiento de voz y de imagen, hasta la creación de TensorFlow, una de las bibliotecas de software más populares para la implementación de algoritmos de aprendizaje automático.

TensorFlow ha democratizado el acceso al aprendizaje profundo, permitiendo a investigadores y desarrolladores de todo el mundo construir y entrenar modelos avanzados de IA con mayor facilidad.

Además de sus contribuciones tecnológicas, Google Brain ha sido un motor en el establecimiento del aprendizaje profundo como un campo de estudio fundamental dentro de la IA.

A través de la publicación de investigaciones pioneras, la colaboración con instituciones académicas y la participación en conferencias científicas, Google Brain ha ayudado a impulsar el conocimiento y la innovación en aprendizaje profundo.

Los avances en aprendizaje profundo impulsados por Google Brain han tenido un impacto profundo en la capacidad de las máquinas para entender y generar lenguaje natural, traducir entre idiomas con precisión, mejorar la eficiencia energética de los centros de datos y desarrollar sistemas de recomendación más efectivos, entre muchas otras aplicaciones.

La influencia de Google Brain en el campo del aprendizaje profundo continúa expandiendo las fronteras de lo que la inteligencia artificial puede lograr, abriendo nuevas posibilidades para el futuro de la tecnología y su aplicación en la sociedad.

4. Avances en Interacción Humano-Computadora

4.1. Eugene: Un Chatbot Casi Humano

Eugene Goostman es un chatbot que marcó un hito en la interacción humano-computadora al pasar la Prueba de Turing, según afirmaron sus creadores en 2014. Este chatbot fue diseñado para simular la personalidad y el nivel de conocimientos de un niño ucraniano de 13 años, lo que le permitió interactuar de manera más natural y menos formal con los humanos, evitando algunas de las expectativas que tendrían los usuarios al conversar con una entidad adulta.

El éxito de Eugene en la Prueba de Turing se basó en su capacidad para mantener conversaciones creíbles y coherentes con los jueces humanos, logrando convencer a un porcentaje significativo de ellos de que estaban interactuando con un ser humano real. Este logro fue anunciado con gran fanfarria, ya que representaba uno de los primeros casos en que un programa de computadora lograba superar este umbral histórico de Inteligencia artificial, desencadenando debates sobre la naturaleza de la inteligencia y la conciencia, así como sobre el futuro de las interacciones entre humanos y máquinas.

La metodología detrás de Eugene implicaba técnicas avanzadas de procesamiento del lenguaje natural, permitiéndole comprender y responder a una amplia gama de consultas en lenguaje natural. Además, el personaje ficticio de Eugene, un niño que hablaba sobre su vida y experiencias, proporcionaba un contexto convincente que ayudaba a disimular las limitaciones del chatbot en el entendimiento profundo o en la generación de respuestas complejas.

A pesar de la controversia sobre si la demostración de Eugene realmente cumplía con los criterios originales de la Prueba de Turing, su desarrollo resaltó importantes avances en la capacidad de las máquinas para imitar interacciones humanas. Eugene Goostman inspiró una reflexión más profunda sobre cómo los chatbots y los sistemas de IA pueden diseñarse para ser más relatables y efectivos en la comunicación con los usuarios, abriendo nuevas posibilidades para aplicaciones prácticas en educación, atención al cliente, terapia y entretenimiento.

El caso de Eugene Goostman sigue siendo un referente en el estudio de la interacción humano-computadora, ilustrando tanto el potencial como los desafíos de crear máquinas que puedan participar de manera significativa en el tejido social y comunicacional de la humanidad.

4.2. La Evolución Tecnológica y su Influencia en IA

La evolución tecnológica ha desempeñado un papel crucial en el desarrollo y la expansión de la Inteligencia Artificial (IA), proporcionando tanto el marco teórico como las herramientas prácticas necesarias para avanzar en este campo. Este progreso no solo ha permitido crear sistemas de IA más sofisticados y eficientes, sino que también ha ampliado el alcance de sus aplicaciones, transformando industrias enteras y aspectos de la vida cotidiana.

Uno de los aspectos más significativos de esta evolución ha sido el aumento exponencial en la capacidad de cómputo, ilustrado por la Ley de Moore, que postula que el número de transistores en un microchip se duplica aproximadamente cada dos años. Este aumento en el poder de procesamiento ha permitido a los investigadores ejecutar algoritmos complejos de IA y procesar grandes volúmenes de datos con mayor rapidez y eficiencia, facilitando avances en aprendizaje profundo y redes neuronales.

Paralelamente, la disponibilidad y accesibilidad de grandes conjuntos de datos, a menudo denominados "big data", han proporcionado el "combustible" necesario para entrenar modelos de IA, permitiéndoles aprender patrones, hacer predicciones y mejorar su rendimiento a través de la experiencia.

Este fenómeno ha sido complementado por el desarrollo de infraestructuras de almacenamiento y procesamiento de datos en la nube, que ofrecen a los investigadores y empresas la capacidad de acceder a recursos computacionales escalables y distribuidos globalmente.

La evolución de los algoritmos de IA también ha sido fundamental. Desde los primeros enfoques basados en reglas y lógica hasta los modernos sistemas de aprendizaje automático y aprendizaje profundo, estos avances han hecho posible que las máquinas no solo realicen tareas específicas, sino que también aprendan y se adapten a nuevas situaciones y datos sin programación explícita.

Además, la miniaturización y mejora de los sensores y dispositivos de hardware han permitido la integración de la IA en una variedad de plataformas, desde teléfonos inteligentes y electrodomésticos hasta vehículos autónomos y sistemas robóticos. Esta omnipresencia de la tecnología ha facilitado la recopilación de datos en tiempo real y la interacción directa de los sistemas de IA con su entorno, abriendo nuevas vías para la automatización y la inteligencia ambiental.

La influencia de la evolución tecnológica en la IA también se refleja en el impacto social y ético de estas tecnologías. A medida que la IA se vuelve más integrada en la sociedad, surgen importantes cuestiones sobre la privacidad, la seguridad, la equidad y el impacto en el empleo, lo que requiere un diálogo continuo entre tecnólogos, legisladores, académicos y la sociedad en general.

En conclusión, la interacción entre la evolución tecnológica y la IA es un proceso dinámico y bidireccional. La tecnología no solo facilita el desarrollo de la IA, sino que la IA, a su vez, impulsa nuevas demandas y direcciones para el avance tecnológico, creando un ciclo de innovación que promete continuar remodelando nuestro mundo.

5. La Era Contemporánea de la IA

5.1. El Amanecer de una Nueva Era

Nos encontramos al borde del amanecer de una nueva era en la Inteligencia Artificial (IA), una fase marcada por avances sin precedentes, aplicaciones transformadoras y una integración cada vez mayor de estas tecnologías en el tejido de la vida diaria.

Este período contemporáneo de la IA se caracteriza por la convergencia de múltiples factores tecnológicos, científicos y sociales, impulsando a la IA más allá de los confines académicos y de investigación, para convertirse en un pilar central de la economía y la sociedad globales.

Los avances en algoritmos de aprendizaje profundo y aprendizaje por refuerzo, junto con el aumento exponencial de la capacidad de cómputo y la disponibilidad de grandes conjuntos de datos, han permitido logros que anteriormente se consideraban dentro del ámbito de la ciencia ficción. Desde sistemas que pueden diagnosticar enfermedades con precisión superando a especialistas, hasta asistentes virtuales que entienden y procesan el lenguaje natural con una fluidez cada vez mayor, la IA está redefiniendo lo posible.

Esta nueva era también se distingue por la democratización del acceso a las herramientas de IA. Plataformas y bibliotecas de código abierto, como TensorFlow y PyTorch, junto con servicios en la nube que ofrecen capacidades de IA como servicio, han reducido significativamente las barreras de entrada para individuos y empresas, fomentando una explosión de innovación y aplicaciones en campos tan diversos como la medicina, la educación, el transporte, y el entretenimiento.

Además, la IA está impulsando la creación de nuevos modelos de negocio y transformando las industrias existentes. La personalización masiva, los sistemas de recomendación, la optimización de la cadena de suministro y la automatización de procesos no solo están mejorando la eficiencia y la experiencia del cliente, sino que también están creando oportunidades económicas y desafiando las estructuras de mercado tradicionales.

Sin embargo, este amanecer de una nueva era en la IA no está exento de desafíos. La rápida adopción de estas tecnologías plantea preguntas importantes sobre la privacidad de los datos, la seguridad, la desigualdad económica y el impacto en el empleo. Además, la capacidad de la IA para influir en la opinión pública, ejemplificada en el uso de algoritmos en las redes sociales, subraya la necesidad de una gobernanza y regulación cuidadosas.

En resumen, la era contemporánea de la IA es un período de extraordinaria promesa y potencial, marcado por el rápido avance tecnológico y la expansión de aplicaciones. A medida que navegamos por este amanecer, la colaboración entre tecnólogos, legisladores, académicos y la sociedad civil será crucial para asegurar que los beneficios de la IA se realicen plenamente, al tiempo que se abordan sus desafíos éticos y sociales.

5.2. Explorando los Límites: Desafíos y Consideraciones Éticas

A medida que avanzamos en la era contemporánea de la Inteligencia Artificial (IA), nos enfrentamos a una serie de desafíos y consideraciones éticas que ponen a prueba los límites de nuestra capacidad para integrar estas tecnologías de manera responsable en la sociedad. La exploración de estos límites no solo revela las capacidades y el potencial de la IA, sino también las implicaciones profundas que tiene para la ética, la gobernanza y los derechos humanos.

Uno de los desafíos más significativos es la cuestión de la privacidad y la seguridad de los datos. A medida que la IA se vuelve más integrada en nuestras vidas, la recolección y el análisis de grandes cantidades de datos personales plantean preocupaciones sobre quién tiene acceso a esta información y cómo se utiliza. La posibilidad de vigilancia masiva, el perfilado de individuos y la manipulación de comportamientos son riesgos reales que requieren marcos regulatorios robustos y transparentes para proteger la privacidad individual.

La equidad y la inclusión también son consideraciones críticas en el desarrollo y la implementación de sistemas de IA. Los algoritmos pueden perpetuar y amplificar sesgos existentes en los datos en los que se entrenan, lo que resulta en discriminación y decisiones injustas, especialmente en áreas sensibles como el empleo, la justicia penal y el crédito.

Asegurar que la IA sea justa y equitativa implica un esfuerzo consciente para identificar y mitigar estos sesgos, así como para desarrollar sistemas que sean transparentes y responsables ante las personas a las que afectan.

Otro desafío importante es el impacto de la IA en el empleo y la estructura del mercado laboral. Si bien la automatización puede aumentar la eficiencia y crear nuevas oportunidades económicas, también existe el riesgo de desplazamiento laboral significativo y la ampliación de la brecha entre "ganadores" y "perdedores" en la economía digital. Navegar por esta transición requiere políticas proactivas que promuevan la requalificación y la educación, así como sistemas de apoyo para aquellos que se ven más afectados por los cambios.

Las consideraciones éticas también abarcan el uso de la IA en aplicaciones militares y de vigilancia, lo que plantea preguntas fundamentales sobre la autonomía de las máquinas en la toma de decisiones que pueden tener consecuencias letales. El debate sobre los sistemas de armas autónomas, por ejemplo, subraya la necesidad de límites claros y acuerdos internacionales sobre el desarrollo y uso de tales tecnologías.

Finalmente, la creciente capacidad de los sistemas de IA para influir en la opinión pública y moldear el discurso social, especialmente a través de las redes sociales y las plataformas de noticias, requiere una reflexión cuidadosa sobre el papel de la tecnología en la democracia y la sociedad civil. La proliferación de "fake news" y la manipulación de elecciones son ejemplos de cómo la IA puede ser utilizada para socavar los procesos democráticos, lo que destaca la importancia de la transparencia, la responsabilidad y la regulación ética en el diseño y la implementación de estos sistemas.

La exploración de los límites de la IA en la era contemporánea nos obliga a enfrentar desafíos y consideraciones éticas complejas. Abordar estos problemas de manera efectiva requiere un enfoque multidisciplinario que involucre a tecnólogos, legisladores, académicos y la sociedad en general, con el objetivo de garantizar que el desarrollo de la IA se alinee con los valores humanos y contribuya positivamente al bienestar de la sociedad.

6. REFLEXIONES FINALES

6.1. Resumen de Acontecimientos Clave

A lo largo de nuestra exploración de la Inteligencia Artificial (IA), hemos recorrido un camino fascinante que nos ha llevado desde los cimientos teóricos y conceptuales hasta las aplicaciones más avanzadas y transformadoras de la tecnología en la actualidad. Este viaje ha estado marcado por una serie de acontecimientos clave que no solo han definido el curso del desarrollo de la IA, sino que también han iluminado su potencial para reconfigurar nuestra sociedad y nuestro futuro.

La Prueba de Turing se estableció como un criterio fundamental para evaluar la capacidad de una máquina para exhibir inteligencia indistinguible de la humana, provocando debates sobre la naturaleza de la mente y la posibilidad de la conciencia artificial.

La Conferencia de Dartmouth sentó las bases para la IA como campo de estudio, reuniendo a los pioneros de la tecnología para esbozar una visión que sigue guiando la investigación y el desarrollo en la disciplina.

Deep Blue y su histórica victoria sobre el campeón mundial de ajedrez Garry Kasparov demostraron el poder de la IA en superar a los humanos en tareas específicas altamente estructuradas, cambiando la percepción pública de las capacidades de la IA.

El DARPA Grand Challenge impulsó el desarrollo de vehículos autónomos, mostrando el potencial de la IA para navegar y tomar decisiones en entornos complejos y no estructurados, lo que abrió caminos hacia la innovación en el transporte.

Watson de IBM, al ganar en "Jeopardy!", mostró avances significativos en el procesamiento del lenguaje natural, subrayando la habilidad de la IA para entender y procesar el lenguaje humano de maneras que eran previamente inimaginables.

Google Brain y sus innovaciones en el campo del aprendizaje profundo han transformado la percepción y el análisis de datos, permitiendo avances en la visión por computadora, el reconocimiento de voz y más allá, y democratizando el acceso a herramientas de IA potentes.

Estos hitos no solo reflejan el progreso técnico y teórico en la IA, sino que también resaltan un viaje compartido hacia la comprensión de lo que significa crear máquinas que pueden aprender, adaptarse y potencialmente pensar.

A medida que reflexionamos sobre estos acontecimientos clave, nos encontramos en un punto de inflexión, mirando hacia un futuro donde la IA promete aún más transformaciones en la forma en que vivimos, trabajamos y nos relacionamos entre nosotros y con la tecnología.

6.2. Mirando Hacia el Futuro de la IA

Al contemplar el horizonte de la Inteligencia Artificial (IA), nos enfrentamos a un futuro repleto de posibilidades ilimitadas, desafíos complejos y preguntas fundamentales sobre la relación entre humanos y máquinas.

Este futuro no solo estará definido por los avances tecnológicos, sino también por cómo elegimos abordar las implicaciones éticas, sociales y económicas de estos desarrollos.

- **Innovaciones Tecnológicas**: Podemos esperar que las innovaciones continuas en algoritmos de IA, potencia de cómputo y disponibilidad de datos impulsen avances significativos en aprendizaje automático, procesamiento del lenguaje natural, robótica y más. La integración de la IA en dispositivos cotidianos y sistemas industriales seguirá avanzando, llevando a una mayor automatización y eficiencia, y abriendo nuevas fronteras en áreas como la medicina personalizada, la exploración espacial y la sostenibilidad ambiental.

- **Impacto Social y Económico**: La IA tiene el potencial de remodelar la economía global, creando nuevos modelos de negocio y transformando el mercado laboral. Mientras algunas profesiones pueden enfrentar la obsolescencia, surgirán nuevas oportunidades en campos relacionados con la IA, la ciencia de datos y la tecnología. La clave será garantizar una transición justa y equitativa para aquellos afectados por estos cambios, promoviendo políticas de educación y capacitación que preparen a la fuerza laboral para las demandas del futuro.

- **Ética y Gobernanza**: A medida que la IA se vuelve más capaz y autónoma, la necesidad de marcos éticos sólidos y regulaciones efectivas se vuelve imperativa. Esto incluye garantizar la transparencia y la equidad en los sistemas de IA, proteger la privacidad de los datos personales y abordar el uso de la IA en vigilancia y aplicaciones militares. La colaboración internacional será crucial para desarrollar estándares y políticas que guíen el desarrollo responsable de la IA.
- **Interacción Humano-Máquina**: El futuro de la IA también promete una evolución en la forma en que interactuamos con las máquinas. Los sistemas de IA se volverán más intuitivos, personalizados y capaces de participar en interacciones más ricas y significativas con los humanos, ampliando las capacidades humanas y mejorando la calidad de vida.
- **Desafíos Emergentes**: A medida que exploramos nuevas aplicaciones de la IA, también surgirán desafíos inesperados, desde cuestiones de seguridad cibernética hasta dilemas morales sobre la autonomía de las máquinas inteligentes. La capacidad de anticipar, identificar y abordar proactivamente estos desafíos será fundamental para aprovechar al máximo el potencial de la IA mientras se minimizan los riesgos.

Mirando hacia el futuro de la IA, nos encontramos en el umbral de una era de innovación y cambio sin precedentes. La forma en que navegamos por este futuro dependerá no solo de nuestros avances tecnológicos, sino también de nuestra sabiduría colectiva, nuestra visión compartida para el bien común y nuestro compromiso inquebrantable con los valores humanos fundamentales. En este viaje, la promesa de la IA se entrelaza con nuestra propia aspiración de crear un futuro que refleje lo mejor de la humanidad.

RESUMEN

- La Inteligencia Artificial (IA) se ha convertido en una disciplina fundamental dentro del ámbito tecnológico, con el potencial de transformar profundamente nuestra sociedad, economía y vida cotidiana.
- Desde la automatización de tareas hasta el desarrollo de sistemas capaces de aprender y mejorar con el tiempo, la IA abarca una amplia gama de aplicaciones que incluyen la robótica, el procesamiento del lenguaje natural y mucho más.
- Este campo en constante evolución desafía las expectativas generadas por la ciencia ficción, presentando desafíos éticos y sociales significativos, como cuestiones de privacidad, seguridad y el impacto en el empleo.
- Fundamentos y Pruebas Iniciales: El estudio de la IA se fundamenta en hitos como la Prueba de Turing y la histórica Conferencia de Dartmouth, que establecieron las bases teóricas y metodológicas del campo. Estos eventos no solo definieron los retos intelectuales de la IA, sino que también proporcionaron un marco para su desarrollo futuro.
- Hitos Significativos en IA: A lo largo de su historia, la IA ha tenido momentos clave que han demostrado su potencial, como la victoria de Deep Blue de IBM sobre Garry Kasparov en ajedrez, y el desarrollo de vehículos autónomos en el DARPA Grand Challenge. Watson de IBM y Google Brain son ejemplos de cómo la IA está avanzando en el procesamiento del lenguaje natural y el aprendizaje profundo, respectivamente, abriendo nuevas posibilidades en campos tan diversos como la medicina y la atención al cliente.
- Avances en Interacción Humano-Computadora: La interacción humano-computadora ha sido revolucionada por desarrollos como el chatbot Eugene, que desafía nuestras percepciones de la

comunicación con las máquinas. La evolución tecnológica continúa influyendo en la IA, mejorando nuestra capacidad para desarrollar sistemas más sofisticados y accesibles.

- La Era Contemporánea de la IA: Nos encontramos en el umbral de una nueva era de la IA, caracterizada por avances tecnológicos sin precedentes y una integración más profunda de la IA en la sociedad. Esta era plantea desafíos importantes, especialmente en términos de ética, gobernanza y el futuro del trabajo, mientras exploramos los límites de lo que la tecnología puede lograr.
- Reflexiones Finales: El futuro de la IA está lleno de posibilidades ilimitadas y desafíos complejos. A medida que avanzamos, la forma en que abordemos las cuestiones éticas, sociales y económicas asociadas con estos desarrollos definirá el impacto que la IA tendrá en nuestra sociedad y en la humanidad en su conjunto.

ICB
EDITORES

UNIDAD

1.2. Exploración de la Inteligencia Artificial

Contenido de la Unidad

- Visión General de la IA
- Comprendiendo la IA: Más Allá de la Programación Tradicional
- Metodologías y Técnicas en IA
- Aprendizaje Automático: El Corazón de la IA
- Avanzando hacia la Complejidad: Redes Neuronales y Aprendizaje Profundo
- Herramientas y Plataformas para Desarrollar IA
- Resumen

ICB
EDITORES

1. VISIÓN GENERAL DE LA IA

La Inteligencia Artificial (IA) es una disciplina de la ciencia computacional que busca emular las capacidades cognitivas humanas a través de máquinas, permitiéndoles realizar tareas que típicamente requieren inteligencia humana, tales como el reconocimiento de patrones, la toma de decisiones, el aprendizaje a partir de experiencias y la resolución de problemas. Esta tecnología avanzada tiene como objetivo no solo automatizar procesos mecánicos o repetitivos, sino también proporcionar soluciones innovadoras a problemas complejos en una amplia gama de campos, desde la medicina hasta la ingeniería y más allá.

1.1. Definición y Objetivos

La IA se define comúnmente como el estudio y diseño de sistemas informáticos capaces de realizar tareas que normalmente requieren inteligencia humana. Estos sistemas están equipados para manejar actividades como el razonamiento lógico, la comprensión del lenguaje, el aprendizaje y la percepción visual.

Los objetivos de la IA incluyen imitar el comportamiento inteligente, comprender las capacidades intelectuales humanas y crear sistemas que puedan mejorar su rendimiento a través de la experiencia. La IA busca no solo extender las capacidades humanas a través de la tecnología, sino también proporcionar insights que pueden no ser inmediatamente evidentes para la mente humana, abriendo así nuevas vías de innovación y descubrimiento.

1.2. Historia y Evolución

La historia de la IA se remonta a la antigüedad, con mitos y leyendas que hablan de criaturas artificiales dotadas de inteligencia o conciencia por sus creadores. Sin embargo, el campo de la IA como una disciplina científica formal comenzó en la década de 1950, con figuras pioneras como Alan Turing, quien planteó la cuestión de si las máquinas pueden pensar. La Conferencia de Dartmouth en 1956, considerada el nacimiento oficial de la IA como campo de estudio, reunió a investigadores interesados en explorar la posibilidad de que las máquinas pudieran no solo simular, sino también exhibir inteligencia.

Desde entonces, la IA ha experimentado varios periodos de optimismo, marcados por avances significativos, y "inviernos de la IA", donde el progreso parecía estancarse debido a limitaciones técnicas y desafíos insuperables.

A pesar de estos altibajos, las últimas décadas han presenciado un renacimiento en el campo, impulsado por el avance en algoritmos de aprendizaje automático, el incremento en la capacidad de procesamiento de los ordenadores y la disponibilidad de grandes volúmenes de datos digitales. Este progreso ha llevado a logros notables en la IA, como sistemas capaces de derrotar a campeones humanos en juegos complejos, asistentes virtuales que entienden y responden a comandos de voz, y algoritmos que pueden diagnosticar enfermedades con precisión comparable o superior a los especialistas humanos.

La visión general de la IA refleja un campo en constante evolución, marcado por la ambición de replicar y superar las capacidades intelectuales humanas, y por un legado de innovación que continúa remodelando el mundo en el que vivimos.

2. Comprendiendo la IA: Más Allá de la Programación Tradicional

2.1. Comparativa: Programas Informáticos Tradicionales vs. Sistemas de IA

La evolución de la Inteligencia Artificial (IA) ha llevado a una distinción fundamental entre los programas informáticos tradicionales y los sistemas basados en IA. Esta diferenciación es crucial para comprender cómo la IA está remodelando lo que esperamos de la tecnología y cómo interactuamos con ella.

Programas Informáticos Tradicionales:

- ⇨ Definición: Los programas informáticos tradicionales se basan en conjuntos específicos de instrucciones y reglas predefinidas que dictan cómo debe comportarse el software ante diversas entradas.

- ⇨ Desarrollo: El desarrollo de software tradicional implica codificar explícitamente cada posible acción que el programa debe realizar, basándose en la lógica y los flujos de trabajo anticipados.
- ⇨ Flexibilidad: Estos programas tienen una flexibilidad limitada, funcionando bien dentro de los parámetros para los que fueron diseñados, pero enfrentando dificultades o fallando cuando se encuentran con situaciones no previstas.
- ⇨ Aprendizaje: No hay capacidad de aprendizaje; el software no puede mejorar su rendimiento o adaptarse a nuevos datos sin una actualización manual por parte de los desarrolladores.

Sistemas de IA:

- ⇨ Definición: Los sistemas de IA, en contraste, están diseñados para emular procesos de pensamiento humano, como el aprendizaje, el razonamiento y la percepción, permitiéndoles tomar decisiones basadas en la interpretación de datos.
- ⇨ Desarrollo: En lugar de seguir instrucciones rígidas, los sistemas de IA a menudo se "entrenan" utilizando grandes conjuntos de datos, aprendiendo patrones y tomando decisiones basadas en probabilidades y experiencias pasadas.

- ⇨ Flexibilidad: Los sistemas de IA poseen una mayor flexibilidad y pueden adaptarse a situaciones nuevas o cambiantes, lo que les permite manejar tareas para las que no fueron explícitamente programados.
- ⇨ Aprendizaje: Una característica definitoria de la IA es su capacidad para aprender y mejorar con el tiempo. Los sistemas de IA pueden ajustar sus algoritmos en función de los resultados y las nuevas informaciones, mejorando así su precisión y eficacia.

Comparativa Clave:

La distinción esencial entre estos dos enfoques radica en la capacidad de adaptación y aprendizaje. Mientras que los programas informáticos tradicionales operan dentro de los límites de sus instrucciones iniciales, los sistemas de IA tienen el potencial de "entender" y "aprender" de los datos, lo que les permite realizar tareas complejas de manera más eficiente y con una capacidad de adaptación que imita de alguna manera el comportamiento humano.

Esta capacidad de aprendizaje y adaptación hace que los sistemas de IA sean particularmente valiosos en entornos donde las condiciones cambian constantemente o donde se requiere tomar decisiones basadas en datos incompletos o ambiguos.

2.2. Principios Fundamentales y Enfoques en IA

La Inteligencia Artificial (IA) se fundamenta en varios principios y enfoques que guían su desarrollo y aplicación. Estos principios no solo proporcionan una base teórica para la IA, sino que también ofrecen un marco para abordar problemas complejos de manera efectiva. A continuación, se exploran algunos de los principios fundamentales y enfoques predominantes en el campo de la IA:

Principios Fundamentales:

- ⇨ Racionalidad: La IA busca diseñar agentes que actúen de manera racional, es decir, que tomen la mejor decisión posible dada la información disponible. Esto implica una comprensión profunda de la lógica, la probabilidad y la toma de decisiones bajo incertidumbre.

⇨ Aprendizaje: Uno de los pilares de la IA es la capacidad de los sistemas para aprender de los datos y la experiencia. Este principio se manifiesta a través de algoritmos de aprendizaje automático que ajustan su comportamiento en función de los patrones observados.

⇨ Percepción: La habilidad de percibir el entorno es crucial para la IA. Esto incluye la interpretación de señales sensoriales para formar una representación del mundo que rodea al sistema, permitiendo que la máquina reaccione de manera adecuada a los cambios.

⇨ Adaptabilidad: La capacidad de adaptarse a nuevos entornos, tareas y situaciones es esencial para los sistemas de IA avanzados. Esto significa que un sistema de IA debe poder ajustar sus estrategias y enfoques basándose en la experiencia y el aprendizaje continuo.

Enfoques en IA:

⇨ Simbólico vs. Subsimbólico: El enfoque simbólico, también conocido como IA clásica, se basa en la manipulación de símbolos y reglas lógicas para representar el conocimiento y razonar. Por otro lado, el enfoque subsimbólico, que incluye técnicas como las redes neuronales, se basa en patrones y aprendizaje a partir de ejemplos, sin una representación explícita del conocimiento.

⇨ Aprendizaje Supervisado vs. No Supervisado: En el aprendizaje supervisado, los sistemas de IA aprenden a partir de ejemplos etiquetados, ajustando sus modelos para predecir la salida correcta. En contraste, el aprendizaje no supervisado implica descubrir patrones y estructuras en datos no etiquetados, sin instrucciones específicas sobre lo que se debe predecir.

⇨ Aprendizaje por Refuerzo: Este enfoque se centra en el aprendizaje basado en la interacción con el entorno, donde los sistemas de IA toman decisiones y reciben retroalimentación en forma de recompensas o penalizaciones, lo que les ayuda a optimizar su comportamiento hacia un objetivo.

- Sistemas Multiagente: Los enfoques multiagente se ocupan de sistemas en los que múltiples agentes inteligentes interactúan entre sí, ya sea de manera colaborativa para alcanzar un objetivo común o en competencia. Estos sistemas son particularmente útiles en entornos complejos donde se requiere la coordinación entre diferentes entidades.

Estos principios y enfoques subyacen a la vasta y diversa gama de investigaciones y aplicaciones en el campo de la IA, proporcionando una base sólida para abordar desafíos tanto teóricos como prácticos. A medida que la IA continúa evolucionando, es probable que surjan nuevos principios y enfoques, expandiendo aún más las posibilidades de lo que estos sistemas avanzados pueden lograr.

3. Metodologías y Técnicas en IA

3.1. Vista General de las Técnicas

La Inteligencia Artificial (IA) engloba una amplia gama de técnicas y metodologías diseñadas para permitir que las máquinas emulen diversas capacidades humanas, como el razonamiento, el aprendizaje, la percepción y la toma de decisiones. Estas técnicas se fundamentan en distintas disciplinas, incluyendo matemáticas, estadísticas, ciencias de la computación y psicología cognitiva, y varían considerablemente en su enfoque y complejidad. A continuación, se presenta una visión general de algunas de las técnicas más destacadas en el campo de la IA:

- Algoritmos de Búsqueda:

Estos algoritmos son fundamentales en la IA para resolver problemas de optimización y toma de decisiones. Incluyen búsquedas heurísticas, como la búsqueda A* y algoritmos de búsquedas en grafos, que permiten encontrar soluciones eficientes en espacios de problemas complejos.

- Lógica y Razonamiento Automatizado:

La lógica simbólica y los sistemas basados en reglas permiten a las máquinas realizar inferencias y tomar decisiones lógicas. Estas técnicas son esenciales para desarrollar sistemas expertos y para el razonamiento deductivo en IA.

♦ Aprendizaje Automático (AA):

El AA es uno de los pilares de la IA moderna, que permite a los sistemas aprender de los datos y mejorar su rendimiento con el tiempo. Incluye técnicas de aprendizaje supervisado, no supervisado, semi-supervisado y por refuerzo.

♦ Redes Neuronales y Aprendizaje Profundo:

Inspiradas en la estructura y funcionamiento del cerebro humano, estas técnicas involucran el uso de redes neuronales artificiales para modelar relaciones complejas en los datos. El aprendizaje profundo, una extensión de las redes neuronales con múltiples capas ocultas, ha impulsado avances significativos en áreas como el reconocimiento de voz e imagen.

♦ Procesamiento del Lenguaje Natural (PLN):

El PLN permite a las máquinas entender, interpretar y generar lenguaje humano. Involucra técnicas para el análisis semántico, la traducción automática y la generación de texto, facilitando la comunicación entre humanos y máquinas.

♦ Sistemas Multiagente:

Estos sistemas implican la interacción de múltiples agentes inteligentes, que pueden colaborar o competir para lograr objetivos complejos. Son útiles en simulaciones, juegos y entornos donde se requiere la coordinación entre diferentes entidades inteligentes.

♦ Optimización:

La optimización es clave en la IA para encontrar la mejor solución entre un conjunto de posibles soluciones. Incluye técnicas como algoritmos genéticos, optimización por enjambre de partículas y métodos de gradiente, aplicables a una variedad de problemas complejos.

Cada una de estas técnicas ofrece un enfoque único para abordar los desafíos inherentes a la emulación de la inteligencia humana en máquinas, y su elección depende del problema específico, los datos disponibles y los objetivos deseados. La combinación y evolución de estas metodologías continúan expandiendo el horizonte de lo que es posible lograr con la IA, abriendo nuevas vías para la innovación y la aplicación práctica en múltiples dominios.

3.2. Optimización: Resolviendo Problemas Complejos

La optimización en Inteligencia Artificial (IA) es fundamental para resolver problemas complejos, donde el objetivo es encontrar la mejor solución posible dentro de un espacio de soluciones dado.

Esta área de la IA se centra en maximizar o minimizar una función objetivo, es decir, encontrar los valores óptimos de las variables de decisión que conducen al mejor resultado posible según los criterios definidos.

La optimización se aplica en una amplia gama de problemas de IA, desde la planificación de rutas hasta la asignación de recursos y el diseño de redes neuronales. A continuación, se exploran algunos aspectos clave de la optimización en IA:

Técnicas de Optimización en IA:

⇨ Algoritmos de Búsqueda:

Los algoritmos de búsqueda, como la búsqueda en profundidad y la búsqueda en amplitud, son técnicas básicas para explorar el espacio de soluciones de un problema. La búsqueda informada, utilizando heurísticas, permite una exploración más dirigida y eficiente.

⇨ Programación Lineal y No Lineal:

Estas técnicas matemáticas se utilizan para resolver problemas de optimización donde la función objetivo y las restricciones pueden expresarse como ecuaciones lineales o no lineales. Son ampliamente utilizadas en la planificación de operaciones y la toma de decisiones económicas.

⇨ Algoritmos Genéticos:

Inspirados en la evolución biológica, los algoritmos genéticos utilizan operadores como la selección, la cruz y la mutación para evolucionar un conjunto de soluciones hacia óptimos. Son especialmente útiles en problemas donde el espacio de soluciones es vasto o mal definido.

Optimización por Enjambre de Partículas:

Esta técnica simula el comportamiento colectivo de sistemas naturales, como los bancos de peces o las bandadas de pájaros, para explorar el espacio de soluciones. Cada "partícula" ajusta su trayectoria según su propia experiencia y la de sus vecinos, convergiendo hacia óptimos locales o globales.

⇨ Métodos de Gradiente:

En problemas donde es posible calcular el gradiente de la función objetivo, los métodos de gradiente, como el descenso de gradiente, permiten ajustar iterativamente las variables de decisión en dirección opuesta al gradiente, buscando minimizar la función objetivo.

⇨ Desafíos en la Optimización para IA:

- Dimensionalidad: A medida que aumenta el número de variables en un problema, el espacio de soluciones se expande exponencialmente, lo que puede hacer que la búsqueda de óptimos sea computacionalmente intensiva y compleja.
- Óptimos Locales vs. Globales: En espacios de soluciones complejos, es posible que las técnicas de optimización converjan a óptimos locales en lugar de encontrar el óptimo global, especialmente en problemas no convexos.

- Evaluación de la Función Objetivo: La evaluación de la función objetivo puede ser costosa o difícil de definir en problemas del mundo real, lo que complica el proceso de optimización.

La optimización es una herramienta poderosa en la caja de herramientas de la IA, permitiendo a los sistemas inteligentes abordar y resolver problemas complejos de manera efectiva. A través de la aplicación de diversas técnicas de optimización, la IA puede ofrecer soluciones innovadoras y eficientes que tienen el potencial de transformar industrias y mejorar la toma de decisiones en una amplia gama de aplicaciones.

3.3. Sistemas Multiagente: Colaboración y Competencia

Los sistemas multiagente en Inteligencia Artificial (IA) se refieren a sistemas compuestos por múltiples agentes inteligentes que interactúan en un entorno compartido. Estos agentes, que pueden ser colaborativos, competitivos o una mezcla de ambos, trabajan hacia objetivos individuales o comunes, demostrando comportamientos complejos emergentes a partir de sus interacciones. La investigación en sistemas multiagente aborda cómo estos agentes pueden coordinarse, negociar, competir y colaborar para lograr resultados óptimos en tareas y problemas variados.

Características Clave de los Sistemas Multiagente:

- Autonomía: Cada agente en un sistema multiagente opera de manera independiente, tomando decisiones basadas en su propia percepción del entorno y sus objetivos personales.
- Interacción: Los agentes se comunican e interactúan entre sí y con su entorno, lo que puede incluir el intercambio de información, la negociación de roles y tareas, y la resolución de conflictos.
- Colaboración: En sistemas colaborativos, los agentes trabajan juntos hacia un objetivo común, compartiendo recursos, información y responsabilidades para lograr un resultado que sería difícil o imposible de alcanzar de manera individual.
- Competencia: En entornos competitivos, los agentes buscan maximizar sus propios beneficios, lo que puede llevar a conflictos de intereses y la necesidad de mecanismos para regular la competencia y asegurar la equidad.

Aplicaciones de los Sistemas Multiagente:

- Robótica Cooperativa: En aplicaciones como la exploración espacial o las operaciones de rescate, múltiples robots pueden trabajar juntos para explorar un área, compartir datos sensoriales y realizar tareas de manera más eficiente que un solo robot.
- Simulaciones Sociales y Económicas: Los sistemas multiagente se utilizan para modelar comportamientos y dinámicas complejas en sociedades y mercados, permitiendo a los investigadores estudiar fenómenos como la formación de opiniones, la difusión de innovaciones y las fluctuaciones del mercado.
- Juegos y Entretenimiento: En el ámbito de los videojuegos y las simulaciones, los sistemas multiagente pueden crear entornos dinámicos y realistas, donde los personajes controlados por IA interactúan entre sí y con los jugadores de manera creíble.
- Sistemas de Transporte Inteligente: La coordinación entre vehículos autónomos, semáforos y señales de tráfico puede mejorar significativamente la eficiencia y la seguridad del tráfico urbano.

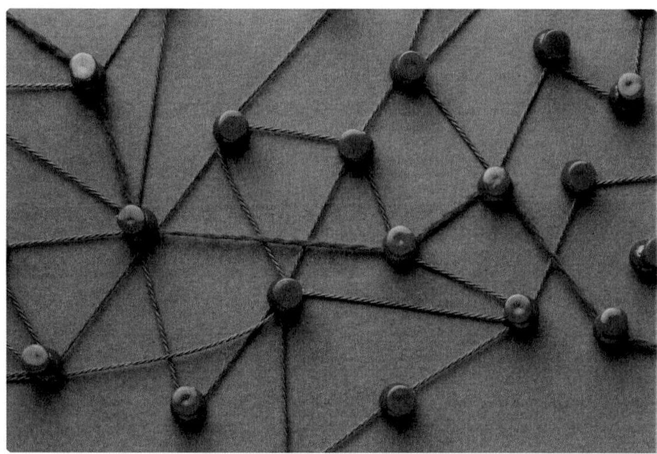

Desafíos en Sistemas Multiagente:

- Coordinación y Negociación: Diseñar mecanismos efectivos para la coordinación y negociación entre agentes, especialmente en entornos dinámicos y en presencia de información incompleta o incierta.

- Resolución de Conflictos: Desarrollar estrategias para manejar y resolver conflictos de intereses entre agentes competitivos, asegurando resultados justos y estables.

- Escalabilidad: Asegurar que los sistemas multiagente mantengan su eficacia y eficiencia a medida que aumenta el número de agentes y la complejidad del entorno.

Los sistemas multiagente representan un área fascinante de la IA, ofreciendo perspectivas únicas sobre la colaboración, la competencia y la toma de decisiones colectiva. A través de la exploración y el desarrollo de estos sistemas, podemos obtener una comprensión más profunda de los procesos complejos que rigen tanto los sistemas artificiales como los naturales, abriendo nuevas vías para aplicaciones innovadoras en una variedad de campos.

4. Aprendizaje Automático: El Corazón de la IA

4.1. Introducción al Aprendizaje Automático

El Aprendizaje Automático (AA), considerado el corazón de la Inteligencia Artificial (IA), es un campo dinámico y en constante expansión que se centra en el desarrollo de algoritmos y modelos que permiten a las máquinas mejorar su rendimiento en una tarea determinada con experiencia, es decir, datos. La esencia del AA es la capacidad de las máquinas para aprender de los datos y hacer predicciones o tomar decisiones sin ser explícitamente programadas para cada contingencia.

Conceptos Fundamentales:

- Modelos y Algoritmos: En AA, un modelo es una representación abstracta de la relación entre las características de los datos de entrada y la salida deseada. Los algoritmos de AA son procedimientos o fórmulas matemáticas que ajustan los modelos a los datos, optimizando su capacidad para predecir o clasificar con precisión.

- Datos de Entrenamiento: Son el conjunto de datos utilizado para entrenar un modelo de AA. Estos datos deben ser representativos de la realidad para que el modelo aprenda patrones significativos y generalizables.

- ⇨ Aprendizaje: El proceso de aprendizaje en AA implica ajustar los parámetros de un modelo de manera que minimice alguna medida de error entre las predicciones del modelo y los valores reales observados en los datos de entrenamiento.
- ⇨ Generalización: La capacidad de un modelo de AA para realizar predicciones precisas sobre datos nuevos y no vistos durante el entrenamiento. Un modelo bien generalizado puede aplicarse efectivamente a situaciones del mundo real.

Tipos de Aprendizaje Automático:

- ⇨ Aprendizaje Supervisado: Involucra el entrenamiento de un modelo en un conjunto de datos etiquetados, donde cada ejemplo de entrenamiento está asociado con una etiqueta o resultado correcto. El objetivo es que el modelo aprenda a predecir la etiqueta correcta para nuevos ejemplos.
- ⇨ Aprendizaje No Supervisado: Se enfoca en encontrar patrones o estructuras ocultas en datos no etiquetados. Los algoritmos de aprendizaje no supervisado buscan agrupar los datos en categorías basadas en similitudes sin referencia a resultados conocidos.
- ⇨ Aprendizaje por Refuerzo: Es un tipo de AA donde un agente aprende a tomar decisiones seleccionando acciones que maximicen alguna noción de recompensa acumulativa a lo largo del tiempo, basado en la interacción con un entorno.

Aplicaciones del Aprendizaje Automático:

El AA ha encontrado aplicaciones en una amplia gama de campos, incluyendo, pero no limitado a:

- ⇨ Diagnóstico Médico: Utilizando patrones en datos de pacientes para predecir enfermedades.
- ⇨ Sistemas de Recomendación: Como los utilizados por plataformas de streaming y comercio electrónico para personalizar las sugerencias de productos o contenido.

- ⇨ Reconocimiento de Voz y de Imagen: Permitiendo a las máquinas interpretar y entender el contenido visual y auditivo.
- ⇨ Detección de Fraude: En el sector financiero, identificando transacciones sospechosas o inusuales.

El AA continúa evolucionando y expandiéndose, impulsando avances significativos en la IA y ofreciendo nuevas herramientas para resolver problemas complejos en casi todos los aspectos de la vida y el trabajo. Con cada avance, el AA refuerza su posición como una de las áreas más vibrantes y transformadoras de la investigación en IA.

4.2. Aprendizaje Supervisado: De la Teoría a la Práctica

El aprendizaje supervisado es una de las ramas más prominentes y aplicadas del Aprendizaje Automático, sirviendo como puente entre la teoría académica y las soluciones prácticas en el mundo real. En este enfoque, los modelos se entrenan utilizando un conjunto de datos etiquetados, donde cada ejemplo de entrada está emparejado con la salida correcta o "etiqueta". El objetivo principal es que el modelo aprenda a predecir la etiqueta correcta para nuevas entradas basándose en este aprendizaje previo.

De la Teoría a la Práctica:

- ⇨ Teoría: En teoría, el aprendizaje supervisado se basa en encontrar una función que, dada una entrada, produzca la salida deseada. Esta función se modela a través de algoritmos que ajustan sus parámetros internos (por ejemplo, pesos en una red neuronal) para minimizar la diferencia entre las predicciones del modelo y las etiquetas reales en el conjunto de datos de entrenamiento.
- ⇨ Práctica: En la práctica, el aprendizaje supervisado implica varios pasos, incluyendo la preparación de datos, la selección del modelo, el entrenamiento, la evaluación y la optimización del modelo. La práctica también implica lidiar con desafíos como el sobreajuste, donde el modelo se desempeña bien en los datos de entrenamiento, pero mal en datos no vistos, y la selección de características, que implica identificar las partes de los datos de entrada que son más informativas para la tarea de predicción.

Aplicaciones Prácticas:

- Clasificación: La clasificación es una tarea común en aprendizaje supervisado, donde el objetivo es categorizar las entradas en dos o más clases. Ejemplos incluyen la identificación de correos electrónicos como "spam" o "no spam", o diagnosticar pacientes con enfermedades basándose en síntomas y pruebas médicas.
- Regresión: La regresión implica predecir una cantidad continúa basada en las entradas. Un ejemplo clásico es la predicción del precio de una casa basada en características como el tamaño, la ubicación y el número de habitaciones.

Estrategias de Implementación:

- División de Datos: Una práctica estándar es dividir el conjunto de datos en conjuntos de entrenamiento, validación y prueba. Esto permite entrenar el modelo, ajustar hiperparámetros y evaluar el rendimiento del modelo de manera que se minimice el sesgo y la varianza.
- Validación Cruzada: La validación cruzada es una técnica utilizada para asegurar que el modelo sea generalizable y robusto, dividiendo el conjunto de datos en partes y utilizando sucesivamente una parte como conjunto de prueba y el resto para entrenamiento.

⇨ Regularización: Para combatir el sobreajuste, se utilizan técnicas de regularización como L1 y L2, que agregan un término de penalización a la función de coste del modelo basada en la magnitud de los parámetros del modelo.

La transición del aprendizaje supervisado de la teoría a la práctica implica superar desafíos reales y aprovechar estrategias efectivas para construir modelos precisos, eficientes y generalizables. A medida que esta rama del aprendizaje automático continúa evolucionando, su aplicación en el mundo real se expande, ofreciendo soluciones innovadoras a problemas complejos en una multitud de dominios.

4.3. Aprendizaje No Supervisado: Descubriendo Patrones Ocultos

El aprendizaje no supervisado es un paradigma crucial dentro del campo del Aprendizaje Automático, donde el objetivo es descubrir patrones, estructuras o conocimientos ocultos en datos no etiquetados. A diferencia del aprendizaje supervisado, los algoritmos de aprendizaje no supervisado operan sin referencias a salidas conocidas o correctas, lo que los hace ideales para explorar y analizar conjuntos de datos donde las relaciones entre los puntos de datos no son previamente conocidas.

Descubriendo Patrones Ocultos

La habilidad para identificar patrones subyacentes en datos sin clasificar es lo que hace al aprendizaje no supervisado especialmente valioso en varios campos, desde la detección de anomalías hasta la segmentación del mercado. Al analizar la estructura inherente de los datos, los algoritmos pueden agrupar puntos de datos similares, identificar distribuciones inusuales y resaltar características significativas que podrían no ser evidentes a simple vista.

Técnicas Principales

⇨ Clustering o Agrupamiento: Es una de las técnicas más comunes en aprendizaje no supervisado. Consiste en agrupar puntos de datos similares en 'clusters' basándose en su proximidad o similitud.

Ejemplos de algoritmos de clustering incluyen K-Means, Clustering Jerárquico y DBSCAN. Estas técnicas son ampliamente utilizadas en análisis de mercados, biología computacional y reducción de la dimensionalidad.

⇨ Reducción de Dimensionalidad: Los algoritmos de reducción de dimensionalidad, como el Análisis de Componentes Principales (PCA) y t-SNE, se utilizan para simplificar los datos manteniendo su estructura esencial. Esto no solo facilita la visualización de datos complejos sino que también mejora la eficiencia de otros algoritmos de aprendizaje automático al reducir el "ruido" y la redundancia en los datos.

⇨ Detección de Anomalías: Esta técnica se enfoca en identificar datos que difieren significativamente de la mayoría de los puntos de datos, lo que puede indicar un comportamiento anómalo o fraudulento. Se utiliza en la seguridad de redes, detección de fraude en transacciones financieras y monitoreo de sistemas de salud.

Aplicaciones Prácticas

El aprendizaje no supervisado tiene aplicaciones prácticas en una amplia gama de dominios:

⇨ Análisis de Sentimientos: Analizar grandes volúmenes de texto, como reseñas o publicaciones en redes sociales, para identificar tendencias de opinión.

⇨ Segmentación de Clientes: Agrupar clientes con características o comportamientos similares para estrategias de marketing personalizadas.

⇨ Biología Computacional: Clasificar genes o proteínas con funciones similares sin una clasificación previa.

Desafíos

A pesar de su potencial, el aprendizaje no supervisado enfrenta desafíos, como la dificultad para evaluar la "corrcctitud" dc los rcsultados sin etiquetas de referencia y la determinación del número óptimo de clusters. Además, la interpretación de los resultados puede ser subjetiva y depende del contexto específico de la aplicación.

Conclusión

El aprendizaje no supervisado es un componente esencial de la IA moderna, ofreciendo herramientas poderosas para descubrir la estructura oculta y los patrones en los datos. A medida que la tecnología avanza, se espera que estos algoritmos se vuelvan aún más sofisticados, abriendo nuevas posibilidades para el análisis de datos y la generación de conocimiento en diversas áreas.

4.4. Aprendizaje por Refuerzo: Aprendiendo de la Interacción

El aprendizaje por refuerzo es una rama del Aprendizaje Automático que se centra en cómo los agentes deben tomar decisiones en un entorno para maximizar alguna noción de recompensa acumulativa a lo largo del tiempo. A diferencia del supervisado y no supervisado, el aprendizaje por refuerzo no se basa en datos etiquetados o en la detección de patrones intrínsecos en los datos, sino en la interacción directa con el entorno y la evaluación de las acciones a través de las recompensas o penalizaciones recibidas.

Aprendiendo de la Interacción

El núcleo del aprendizaje por refuerzo es el concepto de agentes que aprenden a tomar decisiones óptimas a través de la experimentación y la retroalimentación. En cada paso, el agente elige una acción basada en su política actual, recibe una recompensa del entorno y actualiza su política para mejorar sus decisiones futuras. Este proceso iterativo permite al agente aprender estrategias complejas para alcanzar sus objetivos.

Componentes Clave

- Agente: La entidad de aprendizaje que toma decisiones.
- Entorno: El mundo externo con el que el agente interactúa.
- Recompensa: La señal de retroalimentación que el agente recibe del entorno como resultado de sus acciones.
- Política: Una estrategia que guía las decisiones del agente. Puede ser determinista o estocástica.
- Valor: Una función que estima la recompensa total esperada que el agente puede obtener a partir de un estado o una acción determinada.

Enfoques en Aprendizaje por Refuerzo

- Métodos Basados en Valor: Se centran en aprender la función de valor, que mide la bondad de los estados o acciones. El algoritmo Q-learning es un ejemplo prominente.
- Métodos Basados en Políticas: Directamente parametrizan y ajustan la política del agente para maximizar la recompensa. Un ejemplo es el algoritmo de gradiente de política.
- Métodos Actor-Crítico: Combinan los enfoques basados en valor y en políticas, utilizando una estructura de "actor" para elegir acciones y un "crítico" para evaluar esas acciones.

Aplicaciones Prácticas

El aprendizaje por refuerzo se ha aplicado con éxito en una variedad de dominios, incluyendo:

- Juegos: Desde juegos clásicos como el ajedrez hasta videojuegos complejos, los agentes de aprendizaje por refuerzo han demostrado superar a los humanos y a los enfoques basados en reglas.
- Robótica: Para enseñar a los robots a realizar tareas físicas a través de la interacción con el mundo real.
- Optimización de Sistemas: Como en la gestión de redes, donde el objetivo es optimizar el rendimiento del sistema bajo incertidumbre.

Desafíos y Consideraciones

- Exploración vs. Explotación: Los agentes deben equilibrar la exploración de acciones desconocidas para descubrir nuevas estrategias con la explotación de su conocimiento actual para maximizar la recompensa.
- Espacio de Estado Grande: En entornos con un gran número de estados, encontrar una política óptima puede ser computacionalmente desafiante.
- Estabilidad y Convergencia: Asegurar que el proceso de aprendizaje converja a una política óptima puede ser difícil, especialmente en entornos complejos o continuos.

El aprendizaje por refuerzo representa un enfoque poderoso y flexible para enseñar a las máquinas a tomar decisiones autónomas y adaptativas. A medida que la investigación en este campo continúa avanzando, es probable que veamos aplicaciones aún más innovadoras y mejoradas de esta tecnología.

5. Avanzando hacia la Complejidad: Redes Neuronales y Aprendizaje Profundo

5.1. Fundamentos de las Redes Neuronales

Las redes neuronales representan un pilar fundamental en el avance de la Inteligencia Artificial y el Aprendizaje Automático, proporcionando la base sobre la cual se construye el aprendizaje profundo. Inspiradas en la estructura y funcionamiento del cerebro humano, las redes neuronales artificiales son sistemas altamente interconectados de nodos o "neuronas" que trabajan en conjunto para realizar tareas específicas, como el reconocimiento de patrones, la clasificación de datos y la predicción de secuencias.

Componentes Clave de las Redes Neuronales:

- Neuronas: Unidades básicas de procesamiento que reciben entradas, las procesan y generan una salida. Cada neurona puede estar conectada a muchas otras, formando una red densamente interconectada.

- ⇨ Pesos: Valores numéricos asociados con las conexiones entre neuronas que determinan la importancia relativa de cada entrada a la neurona. Los pesos se ajustan durante el proceso de aprendizaje para mejorar el rendimiento del modelo.
- ⇨ Funciones de Activación: Funciones matemáticas aplicadas a la salida de cada neurona para introducir no linealidades en el modelo, permitiendo que la red capture relaciones complejas en los datos. Ejemplos comunes incluyen la función sigmoide, ReLU (Rectified Linear Unit) y tanh (tangente hiperbólica).
- ⇨ Capas: Las neuronas en una red se organizan en capas. Una red típica tiene una capa de entrada, varias capas ocultas y una capa de salida. Las capas ocultas permiten a la red aprender representaciones internas de los datos.

Cómo Funcionan las Redes Neuronales:

- ⇨ Propagación hacia adelante (Feedforward): La entrada se pasa a través de la red, desde la capa de entrada hasta la capa de salida, con cada neurona procesando las entradas y pasando su salida a las neuronas en la siguiente capa.
- ⇨ Retropropagación (Backpropagation): Un algoritmo que ajusta los pesos de la red en función del error entre las predicciones de la red y las salidas reales o deseadas. El objetivo es minimizar este error y mejorar el rendimiento del modelo.
- ⇨ Optimización: Se utilizan técnicas de optimización, como el Descenso de Gradiente, para encontrar los pesos que minimizan la función de pérdida, que mide la diferencia entre las predicciones de la red y los valores reales.

Aplicaciones de las Redes Neuronales:

Las redes neuronales han encontrado aplicaciones en una amplia gama de campos debido a su capacidad para manejar datos de alta dimensión y capturar relaciones complejas:

- ⇨ Reconocimiento de Imágenes y Visión por Computadora: Las redes neuronales, especialmente las Redes Neuronales Convolucionales (CNN), son fundamentales para el progreso en el reconocimiento de objetos, la segmentación de imágenes y otras tareas de visión por computadora.
- ⇨ Procesamiento del Lenguaje Natural: Las Redes Neuronales Recurrentes (RNN) y las transformaciones han revolucionado la traducción automática, el análisis de sentimientos y la generación de texto.
- ⇨ Predicción y Análisis de Series Temporales: Las redes neuronales son capaces de modelar y predecir patrones en datos temporales, útiles en finanzas, meteorología y más.

Las redes neuronales, al ser la base del aprendizaje profundo, representan un avance significativo en la IA, permitiendo el desarrollo de sistemas que pueden aprender y adaptarse de manera similar a como lo hace el cerebro humano. Su continua evolución y aplicación prometen transformar aún más la tecnología y su impacto en la sociedad.

5.2. Aprendizaje Profundo: Transformando la Percepción de las Máquinas

El aprendizaje profundo, una extensión de las redes neuronales, ha revolucionado la forma en que las máquinas perciben y entienden el mundo, marcando un punto de inflexión en el campo de la Inteligencia Artificial. Mediante la utilización de redes neuronales con múltiples capas ocultas, el aprendizaje profundo permite a las máquinas modelar relaciones complejas y abstraer características a diferentes niveles de granularidad, desde las más simples hasta las más complejas.

Transformando la Percepción de las Máquinas

El aprendizaje profundo ha permitido avances significativos en tareas que antes se consideraban extremadamente desafiantes para las computadoras, tales como el reconocimiento de imágenes y voz, la traducción automática y la generación de contenido creativo. A través de estas capacidades mejoradas, las máquinas ahora pueden "ver", "escuchar" y "entender" el mundo de una manera más similar a los humanos, transformando radicalmente su interacción con el entorno y con nosotros.

Componentes Clave del Aprendizaje Profundo

- ⇨ Redes Neuronales Convolucionales (CNN): Especializadas en el procesamiento de datos con una topología de cuadrícula, como imágenes, las CNN son capaces de capturar patrones espaciales y temporales a través de la operación de convolución, lo que las hace ideales para aplicaciones de visión por computadora.
- ⇨ Redes Neuronales Recurrentes (RNN): Diseñadas para manejar secuencias de datos, como el lenguaje hablado o escrito, las RNN tienen "memoria" de entradas anteriores, lo que les permite generar predicciones en contextos donde la secuencia y el orden de los datos son importantes.
- ⇨ Mecanismos de Atención y Transformadores: Estos modelos permiten a las redes centrarse en partes específicas de los datos de entrada, mejorando la capacidad de la máquina para interpretar y responder a entradas complejas, especialmente en el procesamiento del lenguaje natural.

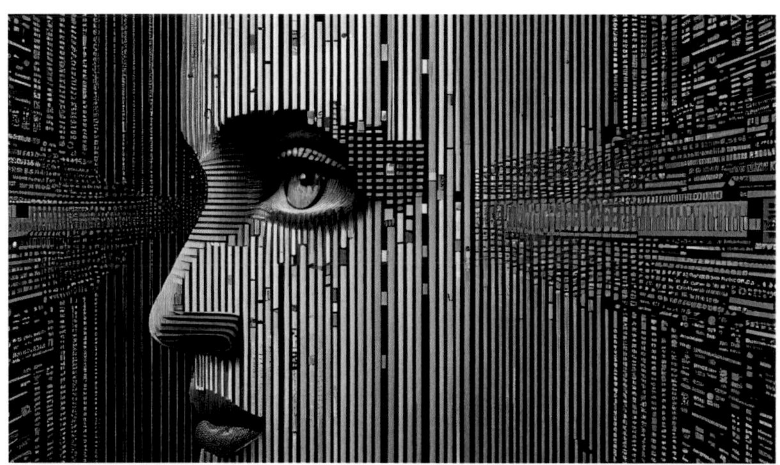

Impacto en la Sociedad y la Tecnología

El aprendizaje profundo ha encontrado aplicaciones en una amplia variedad de sectores, incluyendo:

- ⇨ Salud: Desde el diagnóstico de enfermedades a partir de imágenes médicas hasta el desarrollo de tratamientos personalizados.

- ⇨ Automoción: Impulsando el desarrollo de vehículos autónomos que pueden percibir y navegar por su entorno de manera segura.
- ⇨ Entretenimiento: Mejorando las experiencias de usuario a través de sistemas de recomendación personalizados y la creación de contenido generado por IA.
- ⇨ Seguridad: Mejorando los sistemas de vigilancia y reconocimiento facial para la seguridad pública y la autenticación.

Desafíos y Consideraciones Éticas

A pesar de sus impresionantes logros, el aprendizaje profundo enfrenta desafíos significativos, incluyendo la necesidad de grandes cantidades de datos etiquetados para el entrenamiento, la "caja negra" que representa la interpretación de los modelos profundos y las preocupaciones éticas sobre la privacidad, el sesgo y la toma de decisiones automatizada.

El aprendizaje profundo continúa avanzando, prometiendo nuevas innovaciones y aplicaciones. A medida que integramos estas tecnologías en nuestra vida cotidiana, es crucial abordar estos desafíos de manera responsable para garantizar que el impacto de la IA en la sociedad sea positivo y equitativo.

6. Herramientas y Plataformas para Desarrollar IA

6.1. Ecosistema de Herramientas en IA

El desarrollo de la Inteligencia Artificial (IA) se apoya en un ecosistema rico y diverso de herramientas, bibliotecas y plataformas que facilitan desde la investigación y experimentación hasta la implementación de soluciones de IA en producción.

Este ecosistema abarca una amplia gama de funcionalidades, incluyendo el procesamiento de datos, la modelación de algoritmos, el entrenamiento de modelos, la evaluación y el despliegue.

Bibliotecas y Frameworks:

- TensorFlow: Desarrollado por Google, TensorFlow es uno de los frameworks más populares para el aprendizaje profundo. Ofrece una amplia gama de herramientas para diseñar, entrenar y desplegar modelos de IA en diversas plataformas.
- PyTorch: Creado por Facebook, PyTorch es conocido por su flexibilidad y su enfoque dinámico en la construcción de grafos computacionales, lo que facilita la experimentación y la investigación en IA.
- Scikit-learn: Famoso por su simplicidad y accesibilidad, Scikit-learn es una biblioteca de Python que proporciona herramientas eficientes para el análisis de datos y el aprendizaje automático, centrado principalmente en el aprendizaje supervisado y no supervisado.

Plataformas de Desarrollo y Experimentación:

- Jupyter Notebooks: Una herramienta interactiva que ha ganado popularidad en la ciencia de datos y la IA por su capacidad para combinar código, visualizaciones y documentación en un solo lugar, facilitando la colaboración y el intercambio de conocimientos.
- Google Colab: Basado en Jupyter Notebooks, Colab ofrece un entorno de codificación gratuito en la nube con acceso a recursos computacionales, incluidas las GPU, lo que lo hace ideal para experimentar con modelos de IA sin la necesidad de una infraestructura costosa.

Plataformas en la Nube:

- AWS (Amazon Web Services) Machine Learning: Proporciona un conjunto completo de servicios y herramientas para construir, entrenar y desplegar modelos de IA, incluyendo capacidades de aprendizaje profundo y aprendizaje automático.
- Azure AI Platform: Ofrece servicios integrados en la nube para desarrolladores de IA, incluyendo Azure Machine Learning y herramientas cognitivas que permiten incorporar capacidades de visión, lenguaje y toma de decisiones en las aplicaciones.

⇨ Google Cloud AI: Incluye AutoML para entrenar modelos de alta calidad sin experiencia en aprendizaje profundo, así como herramientas personalizadas para desarrolladores más avanzados.

Herramientas de Visualización y Análisis:

⇨ Matplotlib y Seaborn: Bibliotecas de Python que proporcionan una amplia gama de herramientas para la visualización de datos, esenciales para el análisis y la interpretación de los resultados de los modelos de IA.

⇨ TensorBoard: Una herramienta de visualización específicamente diseñada para TensorFlow que permite monitorear métricas de entrenamiento, visualizar grafos computacionales y mucho más.

El ecosistema de herramientas en IA está en constante evolución, con nuevas bibliotecas y plataformas que emergen regularmente para satisfacer las demandas de una industria en rápido crecimiento.

La selección de las herramientas adecuadas depende de las necesidades específicas del proyecto, la experiencia del equipo de desarrollo y los requisitos de infraestructura. Con la amplia disponibilidad de recursos de código abierto y plataformas en la nube, nunca ha habido un mejor momento para innovar en el campo de la IA.

6.2. Selección de Herramientas según el Proyecto de IA

La selección de herramientas adecuadas es un paso crítico en el desarrollo de proyectos de Inteligencia Artificial (IA), ya que puede influir significativamente en la eficiencia, la escalabilidad y el éxito del proyecto.

La elección de las herramientas correctas depende de varios factores, incluyendo la naturaleza del problema, la experiencia del equipo, los recursos disponibles y los objetivos específicos del proyecto. A continuación, se presentan algunas consideraciones clave para la selección de herramientas en proyectos de IA:

1. Naturaleza y Complejidad del Problema:

   ⇨ Para problemas de aprendizaje supervisado y no supervisado con conjuntos de datos estructurados, herramientas como Scikit-learn ofrecen una amplia gama de algoritmos fáciles de usar.

   ⇨ Para tareas que involucran aprendizaje profundo, como el procesamiento del lenguaje natural o el reconocimiento de imágenes, frameworks como TensorFlow y PyTorch proporcionan la flexibilidad y el poder computacional necesarios.

2. Experiencia del Equipo:

   ⇨ Equipos con experiencia en Python pueden preferir herramientas integradas en este ecosistema, como TensorFlow, PyTorch y Scikit-learn, que ofrecen una curva de aprendizaje más suave.

   ⇨ Para equipos con menos experiencia en codificación o aprendizaje profundo, plataformas como Google AutoML y Azure Machine Learning Studio permiten desarrollar modelos de IA con interfaces gráficas y menos codificación.

3. Requisitos de Recursos Computacionales:

   ⇨ Proyectos con necesidades intensivas de computación, especialmente aquellos que utilizan aprendizaje profundo, pueden beneficiarse de plataformas en la nube como AWS, Google Cloud AI y Azure AI, que ofrecen acceso a hardware especializado como GPUs y TPUs.

⇨ Proyectos más pequeños o en etapas iniciales pueden utilizar recursos locales o herramientas basadas en la nube con opciones de computación más económicas o gratuitas, como Google Colab.

4. Escalabilidad y Mantenimiento:

⇨ Considera herramientas que ofrezcan soporte para la orquestación de contenedores (como Kubernetes) y la integración continua/despliegue continuo (CI/CD), lo que facilita la escalabilidad y el mantenimiento del proyecto a medida que crece.

⇨ Plataformas en la nube generalmente proporcionan servicios y herramientas para manejar la escalabilidad automáticamente.

5. Colaboración y Comunidad:

⇨ Herramientas con grandes comunidades de usuarios, como TensorFlow y PyTorch, ofrecen amplios recursos de aprendizaje, documentación y foros de soporte, lo que puede ser invaluable para resolver problemas y aprender mejores prácticas.

⇨ • Herramientas que facilitan la colaboración, como Jupyter Notebooks y plataformas de desarrollo colaborativo como GitHub, pueden mejorar la eficiencia del equipo.

6. Consideraciones Éticas y de Privacidad:

⇨ Evalúa las herramientas y plataformas en términos de su cumplimiento con las regulaciones de privacidad y ética, especialmente cuando se manejan datos sensibles o personales.

⇨ Considera el uso de herramientas que incorporen mecanismos para el tratamiento ético de los datos y la transparencia del modelo.

La selección de herramientas para un proyecto de IA no es una decisión única; a menudo requiere una evaluación continua a medida que el proyecto evoluciona y nuevas herramientas y tecnologías se hacen disponibles. Mantenerse informado sobre las últimas tendencias y avances en el ecosistema de IA puede proporcionar nuevas oportunidades para mejorar y optimizar tus proyectos.

Resumen

- La Inteligencia Artificial (IA) es un campo de la ciencia computacional que busca dotar a las máquinas de capacidades humanas, como el reconocimiento de patrones y la toma de decisiones, para resolver problemas complejos en diversos sectores.
- La Inteligencia Artificial se caracteriza por su capacidad de imitar el comportamiento inteligente y mejorar con la experiencia, contribuyendo a la innovación en múltiples campos.
- La historia de la IA muestra una evolución desde conceptos teóricos hasta logros prácticos, con avances y retos que han marcado su desarrollo.
- Los sistemas de IA se distinguen de los programas tradicionales por su capacidad de aprendizaje y adaptación, permitiéndoles manejar tareas no explícitamente programadas.
- La IA se basa en principios como la racionalidad y el aprendizaje, y emplea diversas técnicas desde algoritmos de búsqueda hasta redes neuronales, adaptándose a distintos problemas.
- La optimización en Inteligencia Artificial es crucial para encontrar soluciones eficientes, mientras que los sistemas multiagente ilustran la cooperación entre entidades inteligentes para lograr objetivos complejos.
- El aprendizaje automático, en el corazón de la IA, permite a las máquinas mejorar su rendimiento a partir de los datos, con distintos enfoques como el aprendizaje supervisado y no supervisado, cada uno con sus propias aplicaciones.
- El aprendizaje profundo, una extensión de las redes neuronales, ha revolucionado la capacidad de las máquinas para percibir y entender, con impacto significativo en la visión por computadora y el procesamiento del lenguaje natural.

- ⇨ El desarrollo de la IA se apoya en un ecosistema de herramientas y plataformas que facilitan desde la investigación hasta la implementación de soluciones en producción. Este ecosistema incluye bibliotecas como TensorFlow y PyTorch, entornos en la nube, y herramientas de visualización.

- ⇨ La selección adecuada de estas herramientas, considerando la naturaleza del problema y la experiencia del equipo, es fundamental para el éxito de los proyectos de IA, permitiendo abordar desafíos complejos y avanzar en la creación de soluciones innovadoras.

UNIDAD

1.3. El Impacto Transformador de la Inteligencia Artificial en Diversos Sectores

Contenido de la Unidad

- Introducción a las aplicaciones de la IA
- Innovación y Automatización en la Robótica
- IA en la Predicción y Análisis de Datos
- Personalización a Escala: Sistemas de Recomendación
- Asistentes Virtuales y la Revolución en la Atención al Cliente
- Avances en las Aplicaciones Médicas de la IA
- La IA en el Entretenimiento: Videojuegos y Realidad Virtual
- Exploración Espacial: La Nueva Frontera para la IA
- Movilidad Inteligente: IA en el Sector Automotriz
- IA y Medios de Comunicación: Entre Deepfakes y la Lucha contra las Fake News
- Seguridad, Vigilancia y Ética en la Aplicación de la IA
- Futuro de la IA en Aplicaciones Prácticas
- Resumen

ICB
EDITORES

1. Introducción a las aplicaciones de la IA

La Inteligencia Artificial (IA) ha trascendido las fronteras de la investigación para convertirse en una fuerza transformadora en prácticamente todos los sectores de la industria y la sociedad. Esta expansión se debe a su capacidad para procesar grandes volúmenes de datos, aprender de ellos y realizar tareas que tradicionalmente requerían inteligencia humana, a menudo con mayor velocidad, precisión y eficiencia.

1.1. Propósitos y Alcances

Propósitos de la IA:

- ⇨ Automatización Mejorada: La IA permite automatizar tareas complejas que van más allá de las capacidades de la automatización tradicional, abarcando desde la fabricación hasta la toma de decisiones estratégicas en los negocios.
- ⇨ Toma de Decisiones Basada en Datos: Mediante el análisis de grandes conjuntos de datos, la IA puede descubrir patrones y tendencias ocultas, proporcionando insights valiosos que apoyan una toma de decisiones más informada y basada en evidencia.
- ⇨ Personalización: La IA tiene la capacidad de ofrecer experiencias altamente personalizadas para los usuarios, ajustando servicios y contenidos a las preferencias y necesidades individuales.
- ⇨ Innovación en Productos y Servicios: La integración de capacidades de IA en productos y servicios permite la creación de ofertas innovadoras que pueden adaptarse y responder de manera inteligente a las condiciones cambiantes.

Alcances de la IA:

- ⇨ Sector Salud: Desde diagnósticos asistidos hasta tratamientos personalizados y gestión de la atención al paciente, la IA está transformando la medicina y la atención sanitaria.

- ⇨ Industria y Manufactura: La IA optimiza las cadenas de suministro, mejora la eficiencia de la producción y facilita el mantenimiento predictivo de maquinarias.
- ⇨ Finanzas: La IA se utiliza en la detección de fraudes, la gestión de riesgos, el trading algorítmico y la personalización de servicios financieros.
- ⇨ Transporte: La IA contribuye al desarrollo de vehículos autónomos, optimización de rutas y sistemas de tráfico inteligente.
- ⇨ Retail y E-commerce: La IA mejora la experiencia de compra mediante recomendaciones personalizadas, gestión de inventarios inteligente y análisis de comportamiento del consumidor.
- ⇨ Entretenimiento: La IA personaliza el contenido de streaming, mejora la experiencia de los videojuegos y está creando nuevas formas de interacción digital.

La IA se encuentra en una etapa de rápido crecimiento y experimentación, con un potencial aún no totalmente explorado. A medida que la tecnología avanza, es probable que veamos una expansión aún mayor en sus aplicaciones, así como la emergencia de nuevas formas de interacción entre humanos y máquinas inteligentes.

La clave para aprovechar el potencial completo de la IA radica en comprender sus capacidades, limitaciones y el impacto ético y social de su implementación.

1.2. Panorama General de las Aplicaciones

El panorama de las aplicaciones de la Inteligencia Artificial (IA) es vasto y diverso, abarcando una amplia gama de industrias y campos de estudio. La IA se ha integrado en aspectos cotidianos de la vida, así como en complejas operaciones industriales, revolucionando la forma en que interactuamos con la tecnología y abordamos problemas complejos.

A continuación, se presentan algunos de los sectores clave donde la IA está haciendo contribuciones significativas:

- **Salud:** La IA está transformando la atención médica a través de diagnósticos más precisos, terapias personalizadas, y la gestión de la atención al paciente. Herramientas de IA, como los sistemas de diagnóstico asistido por computadora, están mejorando la detección temprana de enfermedades como el cáncer.

- **Finanzas:** En el sector financiero, la IA se utiliza para la detección de fraudes, la automatización de operaciones comerciales y la personalización de servicios financieros para clientes, mejorando la seguridad y la experiencia del usuario.

- **Transporte y Logística:** La IA impulsa la innovación en el transporte, desde vehículos autónomos hasta sistemas de gestión logística inteligente, optimizando rutas, mejorando la seguridad y aumentando la eficiencia.

- **Retail y Comercio Electrónico:** Los sistemas de recomendación impulsados por IA mejoran la experiencia de compra, ofreciendo sugerencias personalizadas a los consumidores. Además, la IA ayuda en la gestión de inventarios y en la predicción de tendencias de mercado.

- **Entretenimiento y Medios:** En el entretenimiento, la IA personaliza el contenido para usuarios de plataformas de streaming y juega un papel crucial en el desarrollo de videojuegos, ofreciendo experiencias más ricas e interactivas.

- **Educación:** La IA está redefiniendo la educación a través de tutoriales personalizados, sistemas de evaluación automatizados y herramientas de aprendizaje adaptativo, permitiendo una educación más personalizada y accesible.

- **Industria:** En el ámbito industrial, la IA contribuye a la automatización de procesos, el mantenimiento predictivo de maquinaria y la optimización de cadenas de suministro, incrementando la productividad y reduciendo costos.

- **Agricultura:** La IA mejora la eficiencia en la agricultura mediante el análisis de datos para optimizar la siembra, el riego y la cosecha, y mediante el uso de drones para el monitoreo de cultivos.

- **Servicios Públicos y Gobierno:** Las aplicaciones de IA en servicios públicos incluyen la mejora de la eficiencia energética, la gestión del tráfico y la seguridad pública, así como la optimización de servicios gubernamentales para ciudadanos.
- **Investigación y Desarrollo:** La IA acelera la investigación en diversos campos, desde el descubrimiento de nuevos materiales hasta la exploración espacial, al permitir el análisis rápido de grandes volúmenes de datos y la simulación de complejos fenómenos científicos.

El panorama general de las aplicaciones de IA refleja su potencial para catalizar el progreso en múltiples dimensiones de la sociedad. A medida que la tecnología continúa avanzando, es probable que surjan nuevas aplicaciones y que la IA se integre aún más en nuestras vidas diarias, planteando tanto oportunidades como desafíos que requerirán consideraciones cuidadosas en términos de ética, privacidad y seguridad.

2. Innovación y Automatización en la Robótica

2.1. Avances Recientes

El campo de la robótica ha experimentado avances significativos en los últimos años, impulsados en gran medida por la integración de tecnologías de Inteligencia Artificial (IA) y aprendizaje automático.

Estos avances no solo han mejorado las capacidades de los robots, sino que también han ampliado su aplicabilidad en diversos sectores.

A continuación, se destacan algunos de los desarrollos recientes más notables en el ámbito de la robótica:

- **Robots Autónomos y Autoaprendizaje:**

Los robots ahora pueden aprender de su entorno y adaptarse a nuevos desafíos sin intervención humana directa. Esto es posible gracias a técnicas avanzadas de aprendizaje por refuerzo y aprendizaje profundo que permiten a los robots mejorar sus habilidades a través de la experiencia.

- **Robótica Colaborativa (Cobots):**

Los cobots son diseñados para trabajar mano a mano con humanos en entornos de trabajo compartidos, mejorando la seguridad y la eficiencia. Estos robots son intuitivos, fáciles de programar y capaces de realizar tareas que requieren delicadeza y precisión.

- **Robots Sociales y Asistenciales:**

Los avances en procesamiento del lenguaje natural y reconocimiento de emociones han permitido el desarrollo de robots sociales y asistenciales capaces de interactuar de manera más natural y empática con los humanos, proporcionando compañía, asistencia y soporte en sectores como la salud y la educación.

- **Integración Sensorial Mejorada:**

La incorporación de sistemas sensoriales avanzados ha mejorado significativamente la percepción ambiental de los robots, permitiéndoles navegar y operar en entornos complejos y dinámicos con mayor precisión y seguridad.

- **Aplicaciones en Logística y Almacenes:**

En la logística y gestión de almacenes, los robots automatizados juegan un papel crucial en la optimización de inventarios, picking y embalaje, así como en el transporte de mercancías, aumentando la eficiencia y reduciendo los tiempos de entrega.

- **Robótica en Entornos Peligrosos:**

Los robots están siendo cada vez más desplegados en entornos peligrosos o inaccesibles para los humanos, como en la inspección y reparación de infraestructuras críticas, la exploración espacial y las operaciones de búsqueda y rescate.

- **Innovaciones en Movilidad y Manipulación:**

Los desarrollos en actuadores, sistemas de control y algoritmos de movimiento han llevado a robots con capacidades mejoradas de movilidad y manipulación, permitiendo realizar tareas complejas que van desde la cirugía robótica hasta la construcción automatizada.

Estos avances recientes en robótica destacan el rápido progreso tecnológico impulsado por la convergencia de la robótica con la IA, abriendo nuevas posibilidades para la automatización, la innovación y la colaboración entre humanos y máquinas en una amplia gama de aplicaciones prácticas. A medida que la tecnología continúa avanzando, es probable que veamos aún más aplicaciones innovadoras y transformadoras de la robótica en nuestra vida cotidiana y en la industria.

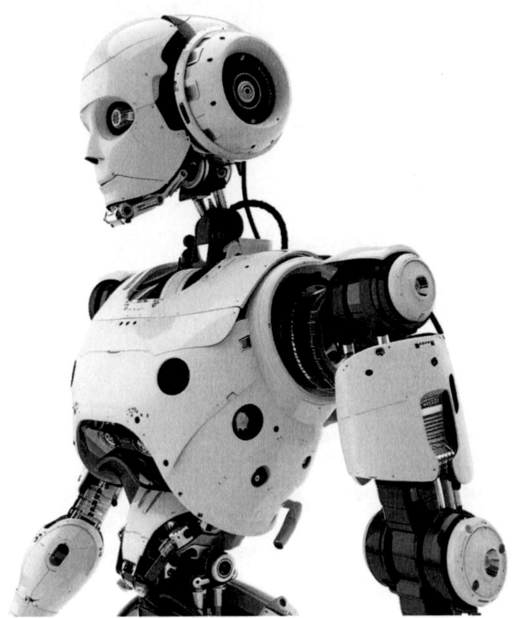

2.2. Casos de Uso Destacados

La robótica, potenciada por avances en Inteligencia Artificial y automatización, ha encontrado aplicaciones revolucionarias en diversos sectores. Estos casos de uso destacados ilustran cómo la robótica está transformando industrias y mejorando la calidad de vida:

- **Salud y Cirugía Robótica:**

Los robots quirúrgicos, como el sistema Da Vinci, permiten a los cirujanos realizar procedimientos complejos con mayor precisión, flexibilidad y control que las técnicas quirúrgicas tradicionales. La cirugía robótica minimiza la invasividad, reduce el tiempo de recuperación y mejora los resultados para los pacientes.

- **Manufactura y Producción:**

La robótica en la manufactura ha evolucionado desde tareas repetitivas en líneas de ensamblaje hasta roles más complejos y colaborativos. Los robots colaborativos (cobots) trabajan junto a los humanos, aumentando la eficiencia, la seguridad y la flexibilidad en la producción.

- **Exploración Espacial:**

Los rovers y vehículos robóticos, como el Perseverance de la NASA en Marte, son fundamentales para la exploración espacial. Estos robots pueden recorrer terrenos difíciles, recopilar datos científicos y buscar signos de vida, ampliando nuestro conocimiento del universo.

- **Agricultura de Precisión:**

En la agricultura, los robots se utilizan para la siembra, el riego, la cosecha y el monitoreo de cultivos. La robótica de precisión permite optimizar el uso de recursos, mejorar la productividad y reducir el impacto ambiental de las prácticas agrícolas.

- **Logística y Distribución:**

Los robots de almacén y los drones de entrega están revolucionando la cadena de suministro, desde el almacenamiento y la clasificación de inventario hasta la última milla de entrega, ofreciendo soluciones más rápidas, seguras y rentables.

- **Asistencia Personal y Cuidado de Mayores:**

Los robots asistentes personales y los sistemas de asistencia al cuidado brindan apoyo a personas mayores y discapacitadas, mejorando su independencia y calidad de vida. Estos robots pueden ayudar en tareas diarias, monitoreo de salud y proporcionar compañía.

- **Seguridad y Vigilancia:**

Los robots de seguridad patrullan áreas, monitorean entornos y detectan actividades sospechosas o peligrosas, complementando los sistemas de seguridad tradicionales y mejorando la protección en espacios públicos y privados.

- **Educación y Capacitación:**

La robótica educativa fomenta el aprendizaje interactivo y práctico en ciencia, tecnología, ingeniería y matemáticas (STEM), preparando a los estudiantes para las carreras del futuro y fomentando habilidades críticas de resolución de problemas.

Estos casos de uso destacados evidencian el impacto transformador de la robótica en diversas áreas, ofreciendo soluciones innovadoras a desafíos complejos y abriendo nuevas oportunidades para el avance y el bienestar humano. A medida que la tecnología continúa avanzando, es probable que surjan aún más aplicaciones disruptivas y beneficiosas de la robótica.

3. IA en la Predicción y Análisis de Datos

3.1. Modelos Predictivos en la Industria y la Economía

La Inteligencia Artificial (IA) ha revolucionado la capacidad de predecir tendencias y comportamientos en la industria y la economía a través de modelos predictivos avanzados. Estos modelos utilizan algoritmos de aprendizaje automático y aprendizaje profundo para analizar grandes volúmenes de datos históricos y actuales, identificando patrones y correlaciones que pueden no ser evidentes para el análisis humano.

- Aplicaciones en la Industria:
  - Manufactura: En el sector manufacturero, los modelos predictivos se utilizan para anticipar fallas en la maquinaria y realizar mantenimiento predictivo, reduciendo el tiempo de inactividad y aumentando la eficiencia de la producción.
  - Cadena de Suministro: La IA optimiza las cadenas de suministro al predecir la demanda de productos, gestionar los niveles de inventario y optimizar las rutas logísticas, lo que resulta en operaciones más ágiles y costos reducidos.
  - Gestión de Recursos: Los modelos predictivos ayudan a las empresas a gestionar sus recursos de manera más efectiva, desde la asignación de personal hasta la optimización del uso de energía.

- Impacto en la Economía:
    - Previsión Económica: Los modelos predictivos analizan una amplia gama de indicadores económicos para prever tendencias del mercado, fluctuaciones en las tasas de interés y el impacto de políticas económicas, ayudando a gobiernos y organizaciones a tomar decisiones informadas.
    - Análisis de Riesgo Financiero: En el sector financiero, estos modelos son fundamentales para evaluar el riesgo crediticio, detectar posibles fraudes y automatizar el trading, mejorando la estabilidad y la eficiencia del mercado.
    - Mercado Inmobiliario: La IA se utiliza para predecir tendencias en el mercado inmobiliario, evaluando factores como la ubicación, características del inmueble y condiciones económicas para estimar valores y rentabilidades futuras.
- Tecnologías y Métodos Utilizados:
    - Redes Neuronales: Particularmente útiles para modelar relaciones no lineales complejas entre variables.
    - Aprendizaje Automático Supervisado: Técnicas como regresión lineal y bosques aleatorios son comunes para realizar predicciones basadas en datos históricos.
    - Análisis de Series Temporales: Métodos específicos para datos que varían con el tiempo, como ARIMA y modelos LSTM (Long Short-Term Memory), son ampliamente utilizados en la predicción económica y financiera.
- Desafíos y Consideraciones:
    - Calidad de Datos: La precisión de los modelos predictivos depende en gran medida de la calidad y la relevancia de los datos utilizados para el entrenamiento.
    - Interpretabilidad: La complejidad de algunos modelos de IA puede hacer que la interpretación de sus predicciones sea un desafío, lo que plantea preguntas sobre la transparencia y la responsabilidad.

- ⇨ Cambios Dinámicos: Los modelos deben ser capaces de adaptarse a cambios rápidos y a menudo impredecibles en las condiciones del mercado y económicas.

Los modelos predictivos en la industria y la economía son un claro ejemplo de cómo la IA puede agregar valor al proporcionar insights basados en datos que mejoran la toma de decisiones, la eficiencia operativa y la estrategia competitiva. A medida que la tecnología continúa avanzando, es probable que veamos aún más innovaciones y aplicaciones en estos campos.

3.2. Aplicaciones en la Previsión Meteorológica y Eventos

La Inteligencia Artificial (IA) está transformando la previsión meteorológica y la predicción de eventos climáticos extremos, mejorando significativamente la precisión y la anticipación en la toma de decisiones críticas. Gracias a la capacidad de la IA para analizar grandes conjuntos de datos y reconocer patrones complejos, los modelos predictivos ahora pueden ofrecer pronósticos más detallados y confiables.

Mejora en la Precisión de la Previsión Meteorológica:

- ⇨ Los modelos de IA, especialmente aquellos basados en redes neuronales profundas, han demostrado ser capaces de capturar las dinámicas complejas de la atmósfera terrestre, lo que resulta en pronósticos más precisos y a más largo plazo.

Predicción de Eventos Climáticos Extremos:

- ⇨ La capacidad de predecir con mayor precisión eventos como huracanes, tormentas severas, inundaciones y olas de calor es crucial para la preparación y respuesta de emergencia. La IA puede analizar patrones históricos y condiciones actuales para identificar señales tempranas de tales eventos.

Aplicaciones Específicas:

- ⇨ Gestión de Desastres: La IA mejora los sistemas de alerta temprana, permitiendo una evacuación más oportuna y la preparación de recursos de emergencia, lo que puede salvar vidas y reducir el impacto económico de los desastres naturales.

- Agricultura: Los pronósticos meteorológicos precisos son fundamentales para la agricultura, donde la planificación de la siembra, el riego y la cosecha depende en gran medida de las condiciones climáticas. La IA ayuda a los agricultores a tomar decisiones informadas para maximizar los rendimientos y minimizar las pérdidas.
- Energía: En el sector energético, especialmente en la generación de energía renovable como la eólica y la solar, la previsión precisa del clima es esencial para la planificación de la producción y la gestión de la red.

Desarrollo y Desafíos:

- La implementación efectiva de la IA en la meteorología requiere la integración de vastos conjuntos de datos de múltiples fuentes, incluidos satélites, estaciones meteorológicas y boyas oceánicas.
- Uno de los desafíos es la necesidad de modelos que puedan adaptarse rápidamente a condiciones cambiantes y manejar la incertidumbre inherente en la predicción del clima.

La aplicación de la IA en la previsión meteorológica y la predicción de eventos representa un avance significativo en nuestra capacidad para entender y responder al clima. A medida que la tecnología continúa evolucionando, podemos esperar mejoras aún mayores en la precisión de las predicciones, lo que tendrá un impacto positivo en múltiples aspectos de la sociedad y la economía.

4. Personalización a Escala: Sistemas de Recomendación

4.1. Desde el Comercio Electrónico hasta el Streaming de Contenidos

Los sistemas de recomendación son una aplicación crucial de la Inteligencia Artificial (IA) que ha transformado la manera en que interactuamos con el comercio electrónico y las plataformas de streaming de contenidos.

Al ofrecer personalización a gran escala, estos sistemas mejoran significativamente la experiencia del usuario, aumentando la satisfacción y la fidelidad, y optimizando al mismo tiempo los ingresos para las empresas.

Comercio Electrónico:

En el ámbito del comercio electrónico, los sistemas de recomendación analizan el historial de compras, las búsquedas realizadas y las interacciones de los usuarios para sugerir productos que puedan ser de su interés. Estas recomendaciones pueden basarse en la popularidad de los productos, en compras similares realizadas por otros usuarios o en el análisis de las preferencias y comportamientos del usuario individual.

Grandes plataformas como Amazon y Alibaba utilizan sistemas de recomendación avanzados para ofrecer a los usuarios una experiencia de compra personalizada, lo que resulta en un aumento de las ventas y la satisfacción del cliente.

Streaming de Contenidos:

En el sector del streaming de contenidos, ya sea música, películas, series de televisión o videos en plataformas como Netflix, Spotify y YouTube, los sistemas de recomendación juegan un papel fundamental. Analizan el historial de visualización o escucha, las calificaciones dadas por los usuarios y otros datos para sugerir contenido relevante y personalizado.

Esto no solo mejora la retención de usuarios al mantenerlos comprometidos con contenido de su interés, sino que también descubre y promueve nuevos contenidos que de otro modo podrían permanecer ocultos entre la vasta biblioteca disponible.

Tecnologías y Métodos:

Los sistemas de recomendación emplean una variedad de técnicas de IA:

- ⇨ Filtrado Colaborativo: Recomienda productos o contenidos basándose en las preferencias y comportamientos de usuarios similares.
- ⇨ Filtrado Basado en Contenidos: Hace recomendaciones basándose en las características de los productos o contenidos y las preferencias explícitas o implícitas del usuario.
- ⇨ Aprendizaje Profundo: Utiliza redes neuronales para modelar complejas interacciones entre usuarios y productos o contenidos, ofreciendo recomendaciones altamente personalizadas.

Desafíos y Consideraciones:

- ⇨ Diversidad y Serendipia: Mantener un equilibrio entre recomendar contenido que es seguro que gustará al usuario y ofrecer opciones diversas que amplíen sus intereses.
- ⇨ Privacidad de los Datos: La recopilación y análisis de datos personales plantea preocupaciones sobre la privacidad y la seguridad de la información de los usuarios.
- ⇨ Burbuja de Filtros: Existe el riesgo de que los usuarios queden atrapados en una "burbuja de filtros", donde solo se les recomienda contenido que refuerza sus vistas y preferencias existentes.

Los sistemas de recomendación han demostrado ser herramientas poderosas para personalizar la experiencia del usuario en una amplia gama de aplicaciones, desde el comercio electrónico hasta el streaming de contenidos.

A medida que estas tecnologías continúan evolucionando, es probable que veamos aún más innovaciones que mejoren la forma en que descubrimos e interactuamos con productos y contenidos en línea.

4.2. Impacto en la Experiencia del Usuario

Los sistemas de recomendación han revolucionado la interacción digital, impactando profundamente en la experiencia del usuario en el comercio electrónico, el streaming de contenidos y más allá. Al personalizar la experiencia de cada usuario, estos sistemas no solo mejoran la satisfacción y la participación, sino que también presentan desafíos y consideraciones importantes.

- Mejora de la Satisfacción del Usuario:
  - ⇨ Descubrimiento Personalizado: Al ofrecer recomendaciones personalizadas, los sistemas de recomendación facilitan el descubrimiento de productos, servicios y contenidos que coinciden con los intereses individuales de los usuarios, lo que aumenta la probabilidad de engagement y compra.
  - ⇨ Experiencia de Usuario Optimizada: Al filtrar la vasta cantidad de opciones disponibles y presentar solo aquellas que son más relevantes para el usuario, estos sistemas reducen la sobrecarga de información y mejoran la navegación y la usabilidad de las plataformas digitales.
- Aumento de la Participación y Retención:
  - ⇨ Contenido Relevante: Al mantener a los usuarios comprometidos con contenido relevante y de su interés, los sistemas de recomendación aumentan el tiempo que pasan en la plataforma y fomentan un mayor nivel de interacción.
  - ⇨ Fidelización del Cliente: La personalización mejora la percepción del usuario sobre el servicio, aumentando la lealtad del cliente y la probabilidad de que regresen o recomienden la plataforma a otros.
- Impacto en las Decisiones de Compra:
  - ⇨ Incremento en Ventas: Las recomendaciones personalizadas pueden influir en las decisiones de compra al presentar opciones atractivas que el usuario podría no haber considerado, lo que a menudo resulta en un aumento de las ventas y en la adquisición de productos adicionales.

- ⇨ Efecto en la Percepción de Marca: Una experiencia de usuario positiva y personalizada puede reforzar la percepción positiva de la marca, contribuyendo a una imagen más fuerte y preferencia en el mercado.

- ♦ Desafíos y Consideraciones:
  - ⇨ Privacidad y Seguridad de Datos: La personalización requiere el análisis de datos personales, lo que plantea preocupaciones sobre la privacidad y la seguridad de la información del usuario. Es crucial manejar estos datos con cuidado y transparencia para mantener la confianza del usuario.
  - ⇨ Riesgo de Homogeneización: Un exceso de personalización puede llevar a la creación de "burbujas de filtro", donde los usuarios son expuestos principalmente a contenidos y productos que refuerzan sus preferencias existentes, limitando la exposición a nuevas ideas y experiencias.
  - ⇨ Equidad y Sesgo: Es importante asegurar que los sistemas de recomendación no perpetúen sesgos existentes en los datos, lo que podría resultar en experiencias desiguales para diferentes grupos de usuarios.

En resumen, los sistemas de recomendación tienen un impacto significativo en la experiencia del usuario al personalizar la interacción digital en una variedad de plataformas. Si bien ofrecen beneficios considerables en términos de satisfacción y compromiso, también presentan desafíos que deben abordarse cuidadosamente para garantizar una experiencia de usuario positiva y equitativa.

5. Asistentes Virtuales y la Revolución en la Atención al Cliente

5.1. Evolución de los Asistentes por Voz

La evolución de los asistentes por voz ha sido una de las transformaciones más significativas en la interacción entre humanos y máquinas, marcando un hito en la atención al cliente y en la forma en que interactuamos con la tecnología en nuestra vida diaria.

Orígenes y Desarrollo Inicial:

Los asistentes por voz surgieron de la investigación en síntesis y reconocimiento de voz, con sistemas tempranos que ofrecían funcionalidades limitadas y requerían comandos de voz muy específicos.

Integración de IA y Aprendizaje Profundo:

La integración de tecnologías de IA y aprendizaje profundo ha sido fundamental en el desarrollo de asistentes por voz, permitiéndoles entender y procesar el lenguaje natural, lo que ha mejorado significativamente su capacidad para interactuar de manera más humana y contextual.

Popularización y Adopción Masiva:

La popularización de los asistentes por voz ha sido impulsada por la integración en dispositivos de consumo masivo, como smartphones y altavoces inteligentes. Siri de Apple, Google Assistant, Amazon Alexa y Microsoft Cortana son ejemplos destacados que han llevado esta tecnología a millones de usuarios.

Avances en Personalización y Contextualización:

Los asistentes por voz actuales no solo responden a comandos específicos, sino que también pueden personalizar sus respuestas en función del usuario, el contexto y el historial de interacciones previas. Esto ha permitido una experiencia de usuario más rica y personalizada.

Aplicaciones en Atención al Cliente:

En el ámbito de la atención al cliente, los asistentes por voz han revolucionado la forma en que las empresas interactúan con sus clientes, ofreciendo un canal de comunicación inmediato, disponible 24/7, que puede manejar una amplia gama de consultas y transacciones de manera eficiente.

Desafíos y Oportunidades Futuras:

A pesar de los avances significativos, aún existen desafíos relacionados con la comprensión profunda del lenguaje, las sutilezas culturales y las emociones humanas. La continua investigación en IA y el aprendizaje automático prometen superar estos obstáculos, ampliando aún más las capacidades y aplicaciones de los asistentes por voz.

La evolución de los asistentes por voz refleja el progreso en la IA y la tecnología de reconocimiento de voz, ofreciendo nuevas oportunidades para mejorar la interacción humano-máquina y transformar la atención al cliente en numerosos sectores.

5.2. IA en los Centros de Atención al Cliente

La incorporación de la Inteligencia Artificial (IA) en los centros de atención al cliente ha marcado un antes y un después en la manera en que las empresas interactúan con sus clientes. Esta integración ha permitido automatizar y personalizar las interacciones, mejorando la eficiencia del servicio y la satisfacción del cliente.

- Automatización de Interacciones:
  - ⇨ Chatbots y Asistentes Virtuales: Los chatbots alimentados por IA pueden manejar una amplia gama de consultas de clientes de manera automática, desde preguntas frecuentes hasta transacciones complejas, proporcionando respuestas instantáneas y reduciendo los tiempos de espera.
  - ⇨ Auto-Servicio: La IA facilita opciones de auto-servicio para que los clientes resuelvan sus inquietudes de manera independiente, guiándolos a través de procesos y proporcionando información relevante basada en sus consultas.
- Personalización del Servicio:
  - ⇨ Interacciones Contextuales: La IA puede analizar el contexto y el historial de interacciones de un cliente para ofrecer respuestas y soluciones personalizadas, mejorando la relevancia y eficacia del soporte.
  - ⇨ Reconocimiento de Voz y Emociones: Los sistemas avanzados pueden identificar la voz y las emociones del cliente, permitiendo que los agentes humanos o virtuales adapten su enfoque para abordar mejor las necesidades y preocupaciones del cliente.

- Optimización de Recursos:
  - ⇨ Distribución Inteligente de Consultas: La IA puede clasificar y dirigir las consultas de los clientes al agente más adecuado o al departamento correspondiente, optimizando la gestión de recursos y asegurando que los clientes reciban el soporte más efectivo.
  - ⇨ Análisis Predictivo: Los modelos predictivos pueden anticipar picos de demanda o identificar problemas comunes, permitiendo a los centros de atención al cliente prepararse y responder proactivamente.
- Mejora Continua:
  - ⇨ Análisis de Interacciones: La IA puede analizar las interacciones entre clientes y agentes para identificar áreas de mejora, tendencias en las consultas de los clientes y la efectividad de las respuestas proporcionadas.
  - ⇨ Formación de Agentes: Los insights generados por la IA pueden utilizarse para capacitar y mejorar las habilidades de los agentes de atención al cliente, asegurando que estén equipados para manejar consultas de manera efectiva.
- Desafíos y Consideraciones:
  - ⇨ Equilibrio Humano-IA: Mientras que la IA puede manejar muchas tareas de manera eficiente, el toque humano sigue siendo crucial para tratar consultas complejas o sensibles. Encontrar el equilibrio adecuado entre la automatización y la intervención humana es clave para una atención al cliente exitosa.
  - ⇨ Privacidad y Seguridad: La gestión de datos personales y la interacción con sistemas de IA plantean preocupaciones sobre la privacidad y la seguridad de la información del cliente, lo que requiere estrictas medidas de protección y cumplimiento de normativas.

La IA está redefiniendo los centros de atención al cliente, ofreciendo oportunidades para mejorar el servicio y la eficiencia. A medida que la tecnología avanza, es probable que veamos aún más innovaciones que transformen la interacción entre empresas y clientes.

6. Avances en las Aplicaciones Médicas de la IA

6.1. Diagnósticos y Tratamientos Asistidos por IA

La aplicación de la IA en el campo de la medicina ha revolucionado los métodos de diagnóstico y tratamiento, ofreciendo avances significativos que mejoran la precisión, la eficiencia y los resultados para los pacientes.

Diagnósticos Mejorados:

⇨ Imagenología Médica: La IA, especialmente a través de técnicas de aprendizaje profundo, se ha vuelto indispensable en el análisis de imágenes médicas como rayos X, resonancias magnéticas (RM) y tomografías computarizadas (TC). Los algoritmos de IA pueden identificar patrones sutiles que pueden no ser evidentes para el ojo humano, ayudando en la detección temprana de enfermedades como el cáncer, enfermedades cardíacas y trastornos neurológicos.

⇨ Patología Digital: En el campo de la patología, la IA está transformando el análisis de muestras de tejido, permitiendo una detección más rápida y precisa de enfermedades.

Tratamientos Personalizados:

⇨ Medicina de Precisión: La IA está facilitando la transición hacia tratamientos personalizados, analizando datos genéticos y biomarcadores para diseñar terapias adaptadas a las características individuales de cada paciente.

⇨ Robótica en Cirugía: Los sistemas quirúrgicos asistidos por IA y la robótica están proporcionando a los cirujanos herramientas de alta precisión que mejoran la seguridad y los resultados de los procedimientos quirúrgicos, reduciendo al mismo tiempo los tiempos de recuperación.

Apoyo a la Toma de Decisiones Clínicas:

⇨ Sistemas de Soporte a la Decisión: La IA está mejorando la toma de decisiones clínicas al proporcionar a los médicos herramientas de diagnóstico asistido y acceso a vastas bases de conocimiento médico, lo que les permite considerar un rango más amplio de posibilidades y tratamientos.

Monitoreo Remoto y Telesalud:

⇨ Dispositivos Portables y Aplicaciones de Salud: La IA está impulsando el desarrollo de dispositivos portátiles y aplicaciones que permiten el monitoreo continuo de la salud del paciente, facilitando la detección temprana de posibles problemas y la gestión de enfermedades crónicas fuera del entorno hospitalario.

Desafíos y Consideraciones Éticas:

⇨ Precisión y Sesgo: Asegurar la precisión de los diagnósticos y tratamientos recomendados por la IA y abordar posibles sesgos en los datos son desafíos críticos.

⇨ Confidencialidad de los Datos: La protección de la confidencialidad y seguridad de los datos de salud del paciente es primordial en la aplicación de la IA en medicina.

Los avances en diagnósticos y tratamientos asistidos por IA están transformando la práctica médica, prometiendo una atención más eficiente, personalizada y accesible.

A medida que la tecnología continúa desarrollándose, es probable que veamos aún más innovaciones que cambien el panorama de la atención médica.

6.2. Innovaciones en la Investigación Biomédica

La Inteligencia Artificial (IA) está impulsando innovaciones significativas en la investigación biomédica, acelerando descubrimientos que podrían llevar años mediante métodos tradicionales.

La capacidad de la Inteligencia Artificial para procesar y analizar grandes volúmenes de datos complejos está abriendo nuevas fronteras en la comprensión de enfermedades, el desarrollo de terapias y la medicina personalizada.

- **Descubrimiento de Fármacos:**

La IA está transformando el descubrimiento y desarrollo de fármacos al predecir la eficacia y seguridad de potenciales compuestos terapéuticos. Los algoritmos de aprendizaje profundo pueden analizar estructuras químicas y biológicas para identificar candidatos prometedores, reduciendo el tiempo y el costo asociados a la investigación farmacéutica.

- **Genómica y Medicina Genética:**

En el campo de la genómica, la IA ayuda a analizar secuencias genéticas para identificar variantes y mutaciones asociadas a enfermedades. Esta información es crucial para el desarrollo de tratamientos personalizados basados en la composición genética de los individuos.

- **Biología de Sistemas:**

La IA facilita el estudio de sistemas biológicos complejos al modelar las interacciones entre genes, proteínas y otros factores biológicos. Esto permite una comprensión más profunda de los mecanismos subyacentes a las enfermedades y la identificación de posibles blancos terapéuticos.

- **Análisis de Imágenes Biomédicas:**

Los algoritmos de IA están mejorando la interpretación de imágenes biomédicas, como microscopía y tomografía, permitiendo la identificación precisa de patologías a nivel celular y molecular.

♦ **Predicción de Epidemias:**

La IA contribuye a la vigilancia y predicción de brotes epidémicos al analizar datos de diversas fuentes, incluidos informes de salud, movimientos de población y cambios ambientales, lo que permite una respuesta más rápida y efectiva a emergencias de salud pública.

♦ **Desafíos y Consideraciones Futuras:**

⇨ Validación y Ética: Asegurar la validación rigurosa de las innovaciones impulsadas por la IA y abordar las consideraciones éticas en la investigación biomédica son esenciales para su implementación efectiva.

⇨ Integración de Datos Multidisciplinarios: La investigación biomédica a menudo requiere la integración de datos heterogéneos de diversas disciplinas, lo que presenta desafíos técnicos y metodológicos.

Las innovaciones en la investigación biomédica facilitadas por la IA tienen el potencial de cambiar radicalmente nuestra comprensión de la biología humana y el tratamiento de enfermedades. A medida que estas tecnologías continúan evolucionando, es probable que veamos avances aún más revolucionarios en el campo de la biomedicina.

7. La IA en el Entretenimiento: Videojuegos y Realidad Virtual

7.1. Desarrollo de Videojuegos Inteligentes

La Inteligencia Artificial (IA) ha tenido un impacto transformador en el desarrollo de videojuegos inteligentes, llevando la experiencia de juego a nuevos niveles de inmersión, complejidad y personalización.

♦ NPCs y Comportamientos Inteligentes:

La IA permite la creación de personajes no jugadores (NPCs) con comportamientos y respuestas más realistas, mejorando la profundidad narrativa y la interactividad del juego. Los NPCs pueden adaptar sus acciones y decisiones basándose en el comportamiento del jugador, creando una experiencia de juego dinámica y envolvente.

- Ambientes y Escenarios Dinámicos:

Los videojuegos inteligentes utilizan la IA para generar entornos y escenarios que responden a las acciones del jugador, alterando la dificultad y los desafíos en tiempo real. Esto asegura que cada experiencia de juego sea única y se ajuste al nivel de habilidad y preferencias del jugador.

- Aprendizaje y Adaptación:

La IA en videojuegos no solo se aplica a los NPCs y el entorno, sino que también puede usarse para modelar y predecir el comportamiento del jugador, adaptando la narrativa, los desafíos y las recompensas para maximizar el compromiso y la satisfacción.

- Generación de Contenido Procedural:

La generación procedural de contenido mediante IA permite la creación de vastos mundos de juego y elementos narrativos sin la necesidad de diseño manual detallado, ofreciendo una cantidad casi ilimitada de exploración y descubrimiento para los jugadores.

- Juegos Personalizados y Experiencias Únicas:

La personalización es otro aspecto clave de los videojuegos inteligentes, donde la IA analiza las preferencias y estilos de juego para ofrecer experiencias personalizadas, desde la selección de misiones hasta la adaptación de la música y los gráficos.

- Desafíos y Oportunidades:

  - ⇨ A pesar de las numerosas ventajas, el desarrollo de videojuegos inteligentes plantea desafíos, incluyendo la necesidad de equilibrar la inteligencia artificial con la jugabilidad para evitar experiencias frustrantes o excesivamente predecibles.

  - ⇨ La integración de la IA abre nuevas vías para la exploración creativa y la innovación en el diseño de juegos, prometiendo revolucionar aún más la industria del entretenimiento.

El desarrollo de videojuegos inteligentes es un área vibrante de innovación en la intersección de la IA y el entretenimiento, ofreciendo posibilidades ilimitadas para enriquecer y personalizar la experiencia de juego. A medida que la tecnología avanza, podemos esperar ver aún más aplicaciones sorprendentes de la IA en el mundo de los videojuegos.

7.2. Aplicaciones en Realidad Aumentada y Virtual

La integración de la Inteligencia Artificial (IA) en la realidad aumentada (AR) y la realidad virtual (VR) está ampliando las fronteras del entretenimiento, ofreciendo experiencias inmersivas que antes eran imposibles. Estas tecnologías combinadas están encontrando aplicaciones innovadoras no solo en los videojuegos, sino también en la educación, el diseño, el marketing y más allá.

- Realidad Aumentada (AR):
  - ⇨ Videojuegos AR: La IA enriquece los videojuegos de AR al integrar elementos del juego con el mundo real de manera inteligente y contextual, como se ve en juegos populares como Pokémon GO.
  - ⇨ Aplicaciones Educativas: La AR, potenciada por la IA, se utiliza para crear experiencias educativas interactivas, permitiendo a los estudiantes explorar conceptos científicos, históricos y matemáticos en un entorno tridimensional interactivo.
  - ⇨ Comercio Minorista y Marketing: Las aplicaciones de AR permiten a los consumidores visualizar productos en su entorno real antes de la compra, mejorando la experiencia de compra. La IA personaliza estas experiencias basándose en las preferencias y comportamientos del usuario.
- Realidad Virtual (VR):
  - ⇨ Inmersión Profunda en Videojuegos: La VR, combinada con la IA, crea mundos de juego altamente inmersivos y dinámicos donde los personajes y los entornos responden de manera inteligente a las acciones del jugador, aumentando la sensación de presencia y realismo.

- ⇨ Simulaciones y Entrenamientos: En campos como la medicina, la aviación y el ejército, la VR y la IA se utilizan para simulaciones de entrenamiento, ofreciendo un entorno seguro y controlado para practicar habilidades y procedimientos complejos.
- ⇨ Terapia y Rehabilitación: Las aplicaciones de VR asistidas por IA están emergiendo como herramientas valiosas en la terapia física y psicológica, proporcionando entornos personalizados para la rehabilitación y el tratamiento de trastornos como

- ♦ Desafíos y Futuro:
  - ⇨ Interactividad y AI: Mejorar la interactividad en entornos de AR y VR sigue siendo un desafío, donde la IA tiene el potencial de hacer que las respuestas del entorno y los personajes sean más naturales y realistas.
  - ⇨ Accesibilidad y Adopción: Aunque las tecnologías de AR y VR han avanzado significativamente, aún existen barreras en términos de costos, accesibilidad y adopción generalizada.

La combinación de IA con realidad aumentada y virtual está abriendo nuevas dimensiones en el entretenimiento y más allá, ofreciendo experiencias ricas y personalizadas que transforman la manera en que interactuamos con la tecnología digital. A medida que estas tecnologías continúan evolucionando, podemos esperar ver aún más aplicaciones innovadoras y transformadoras.

8. Exploración Espacial: La Nueva Frontera para la IA

8.1. Robots y Vehículos Autónomos en la Exploración del Espacio

La exploración espacial ha entrado en una nueva era con la integración de la Inteligencia Artificial (IA) en robots y vehículos autónomos. Estas tecnologías avanzadas están desempeñando un papel crucial en la exploración de planetas, lunas y otros cuerpos celestes, ofreciendo capacidades sin precedentes para la recolección de datos, el análisis y la toma de decisiones en entornos extraterrestres.

- **Robots Autónomos en Marte:**

Los rovers marcianos, como el Curiosity de la NASA y el más reciente Perseverance, son ejemplos destacados de cómo la IA está impulsando la exploración autónoma. Equipados con sistemas de IA, estos rovers pueden navegar terrenos difíciles, seleccionar sitios de interés científico y realizar análisis geológicos y atmosféricos con mínima intervención humana.

- **Vehículos Autónomos en la Luna y Más Allá:**

La IA también está facilitando misiones a la Luna y la planificación de futuras misiones a asteroides y otros planetas. Los vehículos autónomos pueden realizar tareas críticas, como el muestreo de suelo, la construcción de infraestructura utilizando recursos in situ y la búsqueda de agua y otros recursos vitales.

- **IA en Satélites y Telescopios Espaciales:**

En órbita, la IA se utiliza para mejorar la funcionalidad de satélites y telescopios espaciales. Esto incluye la optimización de la recopilación de datos, el procesamiento de imágenes y la detección temprana de fenómenos astronómicos.

- **Navegación y Toma de Decisiones:**

Los sistemas de IA permiten una navegación precisa y toma de decisiones autónomas en el espacio, donde la comunicación con la Tierra puede retrasarse o interrumpirse.

Esto es vital para el éxito de misiones en entornos donde el tiempo de reacción y la adaptabilidad son críticos.

- **Desarrollo de Hábitats Autónomos:**

La IA está siendo explorada para el desarrollo de hábitats autónomos en otros planetas, donde robots y sistemas inteligentes podrían preparar la infraestructura antes de la llegada de astronautas humanos, asegurando condiciones de vida seguras y sostenibles.

- **Desafíos y Oportunidades Futuras:**

Los desafíos incluyen el diseño de sistemas de IA que puedan operar de manera confiable en entornos extremos y el desarrollo de tecnologías que puedan auto-repararse y adaptarse a situaciones imprevistas.

La colaboración entre robots autónomos y astronautas humanos, mediada por la IA, representa una oportunidad prometedora para la exploración espacial futura.

La integración de la IA en la exploración espacial está abriendo nuevas fronteras y posibilidades, desde la exploración avanzada de Marte hasta la preparación para la colonización humana de otros mundos. A medida que la tecnología avanza, es probable que veamos aún más aplicaciones innovadoras de la IA en el vasto campo de la exploración espacial.

8.2. Procesamiento de Datos de Misiones Espaciales

El procesamiento de datos de misiones espaciales ha sido transformado por la aplicación de la Inteligencia Artificial (IA), permitiendo a los científicos analizar y extraer información valiosa de volúmenes masivos de datos recopilados por satélites, telescopios y vehículos exploradores.

- **Análisis de Datos en Gran Escala:**

Las misiones espaciales generan terabytes de datos, incluyendo imágenes, mediciones espectrales y telemetría. La IA ayuda a procesar y analizar estos datos a una velocidad y precisión que sería imposible manualmente, identificando patrones, estructuras y fenómenos de interés científico.

- **Mejora en la Interpretación de Imágenes:**

La IA, especialmente técnicas de aprendizaje profundo, ha mejorado significativamente la interpretación de imágenes espaciales, desde la identificación de características geológicas en planetas y lunas hasta el análisis de galaxias distantes y la detección de exoplanetas.

- **Descubrimiento de Fenómenos Astronómicos:**

Los algoritmos de IA pueden detectar rápidamente eventos astronómicos transitorios, como supernovas, estallidos de rayos gamma y colisiones de estrellas de neutrones, lo que permite a los astrónomos estudiar estos fenómenos en tiempo real.

- **Automatización del Procesamiento de Datos:**

La IA automatiza el procesamiento rutinario de datos, liberando a los científicos para que se concentren en tareas analíticas más complejas. Esto incluye la calibración de instrumentos, la reducción de ruido y la corrección de distorsiones en los datos recopilados.

- **Simulaciones y Modelos Predictivos:**

La IA se utiliza para crear modelos y simulaciones basados en los datos recopilados, ayudando a comprender la dinámica de sistemas complejos como las atmósferas planetarias, los sistemas estelares y la evolución de galaxias.

- **Colaboración y Compartición de Datos:**

Las herramientas de IA facilitan la colaboración entre instituciones y científicos al proporcionar plataformas para el análisis compartido de datos, mejorando la reproducibilidad de los descubrimientos y acelerando la investigación.

- **Desafíos y Oportunidades Futuras:**

Uno de los principales desafíos es el desarrollo de algoritmos de IA que puedan adaptarse a la naturaleza única y a menudo impredecible de los datos espaciales.

La IA también presenta la oportunidad de integrar y analizar datos de múltiples misiones y observatorios, proporcionando una vista holística y multidimensional del universo.

La aplicación de la IA en el procesamiento de datos de misiones espaciales está expandiendo los límites del conocimiento humano sobre el universo, permitiendo descubrimientos más rápidos y profundos en la astronomía y la ciencia planetaria. A medida que la tecnología continúa avanzando, es probable que veamos aún más innovaciones en la forma en que gestionamos y extraemos conocimientos de los vastos conjuntos de datos espaciales.

9. Movilidad Inteligente: IA en el Sector Automotriz

9.1. Vehículos Autónomos y Sistemas de Asistencia al Conductor

La Inteligencia Artificial (IA) está jugando un papel transformador en el sector automotriz, impulsando el desarrollo de vehículos autónomos y sistemas avanzados de asistencia al conductor (ADAS), lo que promete revolucionar la movilidad y la seguridad vial.

- Vehículos Autónomos:
  - ⇨ Autonomía de Nivel 5: La meta final de los vehículos autónomos es alcanzar la autonomía de nivel 5, donde no se requiere intervención humana. Aunque aún no se ha logrado completamente, la IA está acercando esta visión a la realidad a través del aprendizaje profundo, la visión por computadora y los sistemas de sensores avanzados.
  - ⇨ Navegación y Toma de Decisiones: Los vehículos autónomos utilizan la IA para interpretar datos de sensores, como cámaras, radar y LIDAR, para navegar de manera segura por el entorno, detectar obstáculos, señales de tráfico y otros vehículos, y tomar decisiones de conducción en tiempo real.
- Sistemas de Asistencia al Conductor (ADAS):
  - ⇨ Control de Crucero Adaptativo: Ajusta automáticamente la velocidad del vehículo para mantener una distancia segura con respecto al vehículo que está adelante.
  - ⇨ Asistencia de Mantenimiento de Carril: Ayuda a mantener el vehículo centrado en su carril, alertando al conductor o interviniendo si el vehículo comienza a desviarse sin señalización.
  - ⇨ Frenado de Emergencia Automático: Detecta una posible colisión inminente y activa automáticamente los frenos para evitar o mitigar el impacto.
- Desafíos y Avances:
  - ⇨ Integración de Datos Multisensoriales: Uno de los desafíos clave es la integración y procesamiento en tiempo real de grandes volúmenes de datos provenientes de diversos sensores para crear una representación precisa y actualizada del entorno.
  - ⇨ Pruebas y Seguridad: La seguridad es primordial, y los vehículos autónomos deben someterse a extensas pruebas y simulaciones para garantizar su fiabilidad en todas las situaciones posibles de conducción.

- Impacto Potencial:
  - ⇨ Reducción de Accidentes: Al eliminar el error humano, que es la causa principal de la mayoría de los accidentes de tráfico, los vehículos autónomos tienen el potencial de mejorar significativamente la seguridad vial.
  - ⇨ Eficiencia en el Tráfico: La conducción autónoma puede optimizar los patrones de tráfico, reducir la congestión y aumentar la eficiencia del combustible.

La integración de la Inteligencia Artificial en el desarrollo de vehículos autónomos y sistemas de asistencia al conductor, está marcando el comienzo de una nueva era en la movilidad, prometiendo vehículos más seguros, eficientes y accesibles.

A medida que la tecnología avanza y supera los desafíos actuales, es probable que veamos una adopción más amplia de estas innovaciones en el sector automotriz.

9.2. Impacto en la Seguridad y la Eficiencia del Transporte

La integración de la Inteligencia Artificial (IA) en el sector automotriz está teniendo un impacto significativo en la seguridad y la eficiencia del transporte, ofreciendo promesas de reducir los accidentes de tráfico, mejorar el flujo vehicular y disminuir el consumo de combustible.

- Mejora de la Seguridad Vial:
  - ⇨ Reducción de Accidentes: Al automatizar la conducción y los sistemas de asistencia al conductor, la IA puede reducir significativamente los accidentes causados por errores humanos, como distracciones, fatiga o conducción bajo la influencia del alcohol.
  - ⇨ Respuestas Rápidas a Emergencias: Los sistemas de IA pueden reaccionar más rápidamente que los humanos ante situaciones imprevistas, aplicando frenado de emergencia o maniobras evasivas para evitar colisiones.

- Optimización del Tráfico:
  - ⇨ Gestión Inteligente del Tráfico: La IA puede analizar patrones de tráfico en tiempo real y ajustar señales de tráfico, rutas y velocidades recomendadas para optimizar el flujo y reducir la congestión.
  - ⇨ Planificación de Rutas Eficientes: Los sistemas de navegación asistidos por IA pueden calcular las rutas más eficientes basándose en condiciones de tráfico, construcción y otros factores, ahorrando tiempo y combustible.
- Eficiencia en el Consumo de Combustible:
  - ⇨ Conducción Económica: Los vehículos con sistemas de IA pueden ajustar automáticamente su modo de conducción para maximizar la eficiencia del combustible, lo que es especialmente beneficioso para flotas de transporte y vehículos comerciales.
  - ⇨ Vehículos Eléctricos y Híbridos: La IA también está facilitando la transición a vehículos eléctricos y híbridos, optimizando el uso de la batería y la recarga para extender la autonomía y mejorar la sostenibilidad.
- Desafíos y Consideraciones Futuras:
  - ⇨ Interacción Vehículo a Vehículo (V2V) y Vehículo a Infraestructura (V2I): La comunicación entre vehículos y con la infraestructura vial será clave para maximizar la seguridad y eficiencia, lo que requiere estándares y protocolos de comunicación compatibles.
  - ⇨ Adopción y Regulación: La adopción generalizada de tecnologías de IA en el transporte dependerá de la regulación, la aceptación pública y la infraestructura de soporte.

La IA está transformando el sector del transporte, haciendo que los sistemas de movilidad sean más seguros, eficientes y sostenibles. A medida que las tecnologías continúan evolucionando y superando los desafíos actuales, es probable que veamos un impacto aún mayor en la forma en que nos movemos y transportamos bienes.

10. IA y Medios de Comunicación: Entre Deepfakes y la Lucha contra las Fake News

10.1. Desafíos Éticos y Técnicos

La Inteligencia Artificial (IA) ha traído tanto oportunidades como desafíos significativos a los medios de comunicación, especialmente en lo que respecta a la creación y propagación de deepfakes y la lucha contra las fake news.

- Deepfakes:
  - Creación de Contenido Falsificado: Los deepfakes utilizan técnicas de Inteligencia Artificial para crear videos y audios altamente realistas que falsifican la apariencia y la voz de personas reales, lo que plantea serias preocupaciones éticas y legales, especialmente cuando se utilizan para difamar, manipular opiniones públicas o crear desinformación.
  - Desafíos en la Detección: A medida que la tecnología de deepfakes se vuelve más sofisticada, detectar y diferenciar entre contenido auténtico y falsificado se convierte en un desafío técnico significativo, requiriendo el desarrollo de herramientas avanzadas de IA para identificar sutiles señales de falsificación.
- Fake News:
  - Propagación de Desinformación: La Inteligencia Artificial puede ser utilizada para generar y difundir noticias falsas a gran escala, aprovechando las plataformas de redes sociales para llegar a audiencias amplias y segmentadas, lo que socava la confianza en los medios de comunicación y tiene potenciales consecuencias en la democracia y el discurso público.
  - Desafíos en la Verificación: Verificar la autenticidad y la precisión del contenido en la era de la Inteligencia Artificial presenta desafíos técnicos, ya que la desinformación puede ser diseñada para evadir algoritmos de detección y adaptarse a contramedidas.

- Consideraciones Éticas:

  - ⇨ Impacto en la Sociedad: Los deepfakes y las fake news plantean preguntas éticas sobre la responsabilidad de los creadores de contenido, las plataformas de distribución y los desarrolladores de tecnología de IA en la prevención de daños y la preservación de la integridad informativa.

  - ⇨ Privacidad y Consentimiento: La creación de deepfakes a menudo implica el uso de imágenes y datos personales sin consentimiento, violando la privacidad y los derechos individuales.

- Desafíos Técnicos:

  - ⇨ Evolución de la Tecnología: Mantenerse al día con la rápida evolución de las tecnologías de IA y desarrollar métodos efectivos para combatir los deepfakes y las fake news requiere una inversión continua en investigación y desarrollo.

  - ⇨ Balance entre Libertad y Control: Encontrar el equilibrio adecuado entre la libertad de expresión y la necesidad de controlar la desinformación es un desafío técnico y ético, implicando la creación de políticas y regulaciones que respeten los derechos individuales mientras protegen el bien público.

La IA en los medios de comunicación presenta un panorama complejo de desafíos éticos y técnicos, desde la creación de deepfakes hasta la propagación de fake news. Abordar estos problemas requiere un enfoque multidisciplinario que involucre la colaboración entre tecnólogos, legisladores, periodistas y la sociedad en general.

10.2. Estrategias de Detección y Mitigación

En el contexto de la lucha contra deepfakes y fake news, la detección y mitigación eficaces son esenciales para preservar la integridad de la información y proteger a las sociedades de la desinformación. Se han desarrollado diversas estrategias que combinan tecnologías avanzadas, colaboraciones intersectoriales y educación pública.

- Tecnologías Avanzadas:
  - Desarrollo de Herramientas de Detección: Investigadores y tecnólogos están creando algoritmos de IA capaces de detectar deepfakes y contenido falso, analizando patrones sutiles, inconsistencias y señales que no serían perceptibles para los humanos.
  - Blockchain para la Verificación de Contenido: La tecnología blockchain puede ser utilizada para crear registros inmutables de la creación y distribución de contenido digital, facilitando la verificación de la autenticidad y el origen del contenido.
- Colaboraciones y Alianzas:
  - Plataformas de Redes Sociales y Medios de Comunicación: Las plataformas de redes sociales y los medios de comunicación están colaborando en la implementación de sistemas de verificación de hechos y etiquetado de contenido verificado para combatir la propagación de noticias falsas.
  - Alianzas Intersectoriales: La colaboración entre la industria tecnológica, los organismos gubernamentales, la academia y las organizaciones de la sociedad civil es crucial para desarrollar y aplicar estrategias efectivas de detección y mitigación.
- Educación y Conciencia Pública:
  - Educación en Alfabetización Mediática: Programas de educación que enseñan a los ciudadanos a evaluar críticamente la información y a reconocer noticias falsas y contenido manipulado son fundamentales para fortalecer la resiliencia de la sociedad frente a la desinformación.
  - Campañas de Concientización: Campañas públicas diseñadas para informar sobre los riesgos de los deepfakes y las fake news y promover prácticas seguras en el consumo de información digital.
- Marco Regulatorio y Políticas:
  - Regulaciones y Legislación: El desarrollo de marcos regulatorios que aborden la creación y distribución de deepfakes y fake news, equilibrando la libertad de expresión con la necesidad de proteger a la sociedad de la desinformación.

- ⇨ Normas y Protocolos para Plataformas Digitales: Establecer normas y protocolos para que las plataformas digitales identifiquen, marquen y, en algunos casos, eliminen contenido falso o engañoso.

Las estrategias de detección y mitigación frente a los deepfakes y las fake news requieren un enfoque multifacético que incluya el desarrollo de tecnología avanzada, la cooperación entre diversos sectores, la educación pública y el apoyo regulatorio. A medida que la tecnología y las tácticas de desinformación evolucionan, también lo deben hacer nuestras estrategias para combatirlas.

11. Seguridad, Vigilancia y Ética en la Aplicación de la IA

11.1. Sistemas de Vigilancia Inteligente

La aplicación de la Inteligencia Artificial (IA) en sistemas de vigilancia ha mejorado significativamente las capacidades de seguridad y monitoreo, pero también ha suscitado importantes debates éticos y preocupaciones sobre la privacidad.

- ♦ Avances en Vigilancia Inteligente:
  - ⇨ Reconocimiento Facial y de Patrones: La IA ha hecho posible el reconocimiento facial en tiempo real y la identificación de patrones en grandes multitudes, lo que es útil para la seguridad pública y la prevención del crimen. También se utiliza para el control de acceso en lugares sensibles y para la autenticación personal en dispositivos y sistemas.
  - ⇨ Análisis de Comportamiento: Los sistemas de vigilancia inteligentes pueden analizar comportamientos y movimientos, identificando actividades sospechosas o inusuales y alertando a las autoridades o personal de seguridad para una respuesta rápida.
- ♦ Aplicaciones de Seguridad:
  - ⇨ Prevención del Crimen: La vigilancia inteligente se utiliza en espacios públicos, eventos masivos y lugares estratégicos para prevenir delitos, identificar sospechosos y reaccionar ante emergencias.

- ⇨ Protección de Infraestructuras Críticas: En infraestructuras críticas como aeropuertos, estaciones de transporte y centros de datos, la IA refuerza la seguridad, supervisando el acceso y detectando amenazas potenciales.

- ♦ Desafíos Éticos y de Privacidad:

  - ⇨ Vigilancia Masiva: La capacidad de monitorear y analizar grandes volúmenes de datos personales plantea preocupaciones sobre la vigilancia masiva y la erosión de la privacidad individual.

  - ⇨ Sesgos y Errores: Los sistemas de reconocimiento pueden presentar sesgos y errores, especialmente en la identificación de minorías étnicas, lo que puede llevar a injusticias y discriminación.

- ♦ Regulación y Políticas:

  - ⇨ Normativas de Privacidad: La implementación de sistemas de vigilancia inteligente debe cumplir con regulaciones de privacidad como el GDPR en Europa, que establecen límites y requieren transparencia y consentimiento.

  - ⇨ Debates Éticos: Es crucial un debate público y transparente sobre el uso de la IA en la vigilancia, equilibrando la seguridad y el bienestar público con los derechos individuales y la libertad.

La integración de la IA en sistemas de vigilancia ofrece potenciales beneficios en términos de seguridad y eficiencia, pero también requiere una consideración cuidadosa de las implicaciones éticas y de privacidad.

Es fundamental que el desarrollo y la implementación de estas tecnologías se realicen con un enfoque ético y bajo regulaciones adecuadas para proteger los derechos y libertades fundamentales de los individuos.

11.2. Reflexiones sobre la Privacidad y la Ética

La aplicación de la Inteligencia Artificial (IA) en diversos campos ha suscitado importantes reflexiones sobre la privacidad y la ética, especialmente a medida que la tecnología se integra más profundamente en nuestra vida cotidiana y sistemas sociales.

- Privacidad de los Datos:
  - ⇨ Consentimiento y Transparencia: La recopilación y el uso de datos personales por sistemas de IA deben basarse en el consentimiento informado y la transparencia sobre cómo se utilizan estos datos, quién tiene acceso a ellos y con qué propósito.
  - ⇨ Seguridad de los Datos: Asegurar la protección de los datos personales contra accesos no autorizados y violaciones de seguridad es fundamental para mantener la confianza en las aplicaciones de IA.
- Decisiones Automatizadas:
  - ⇨ Rendición de Cuentas: Las decisiones automatizadas tomadas por sistemas de IA, especialmente aquellas que afectan aspectos críticos de la vida como el empleo, el crédito y la justicia, deben ser transparentes, explicables y sujetas a revisión humana.
  - ⇨ Sesgos y Discriminación: Es crucial abordar y mitigar los sesgos en los algoritmos de IA para evitar decisiones discriminatorias y garantizar la equidad y la justicia en los resultados automatizados.
- Desarrollo y Uso Ético de la IA:
  - ⇨ Principios Éticos: El desarrollo y la implementación de tecnologías de IA deben guiarse por principios éticos fundamentales, incluyendo el respeto por la autonomía humana, la prevención de daños, la justicia y la inclusión.
  - ⇨ Participación de Stakeholders: Involucrar a una amplia gama de stakeholders, incluyendo expertos en ética, la sociedad civil, y los usuarios finales, en el proceso de desarrollo de IA puede ayudar a identificar y abordar preocupaciones éticas y de privacidad.
- Regulación y Gobernanza:
  - ⇨ Marco Regulatorio: La creación de marcos regulatorios que aborden los desafíos éticos y de privacidad planteados por la IA es crucial para su uso responsable y sostenible.

⇨ Gobernanza Global: Dada la naturaleza transfronteriza de la tecnología y los datos, es importante fomentar la cooperación internacional en la gobernanza de la IA para asegurar estándares éticos consistentes y protecciones de privacidad.

La reflexión sobre la privacidad y la ética en la aplicación de la IA es esencial para asegurar que la tecnología se desarrolle y utilice de manera que respete los derechos humanos y promueva el bienestar social. A medida que la IA continúa avanzando, será fundamental abordar estas cuestiones de manera proactiva para construir un futuro en el que la tecnología sirva a la humanidad de manera justa y ética.

12. FUTURO DE LA IA EN APLICACIONES PRÁCTICAS

12.1. Perspectivas Futuras

El futuro de la Inteligencia Artificial (IA) en aplicaciones prácticas promete transformaciones revolucionarias en prácticamente todos los sectores de la sociedad.

A medida que la tecnología continúa evolucionando, podemos anticipar avances significativos que mejorarán la calidad de vida, optimizarán los procesos industriales y enfrentarán algunos de los desafíos globales más apremiantes.

♦ Avances Tecnológicos:

La IA continuará avanzando en capacidades, con mejoras en el aprendizaje automático, el procesamiento del lenguaje natural, la visión por computadora y la robótica, ampliando las posibilidades de aplicaciones prácticas y la autonomía de los sistemas inteligentes.

♦ Impacto en la Industria y la Economía:

Se espera que la IA impulse la automatización en industrias que van desde la manufactura hasta los servicios, aumentando la eficiencia, reduciendo costos y creando nuevas oportunidades de negocio.

- Transformación en el Sector Salud:

La IA tendrá un impacto profundo en el sector salud, mejorando los diagnósticos, personalizando los tratamientos y revolucionando la investigación biomédica, lo que podría llevar a curas para enfermedades actualmente intratables.

- Innovaciones en la Educación:

Las aplicaciones de IA en la educación personalizarán el aprendizaje, adaptándose a las necesidades y estilos de aprendizaje de cada estudiante y proporcionando herramientas para maestros y educadores para mejorar la enseñanza.

- Desafíos de Sostenibilidad y Medio Ambiente:

La IA se utilizará para abordar desafíos de sostenibilidad, desde el monitoreo del cambio climático hasta la optimización del uso de recursos naturales y la agricultura de precisión, contribuyendo a esfuerzos más eficaces de conservación y gestión ambiental.

- Ética y Gobernanza:

A medida que la IA se vuelve más omnipresente, la ética y la gobernanza de la IA serán de suma importancia. Se necesitarán marcos regulatorios y principios éticos sólidos para garantizar que la IA se desarrolle y utilice de manera que beneficie a la sociedad y proteja los derechos individuales.

- Inclusión y Accesibilidad:

Es crucial que los avances en IA sean inclusivos y accesibles para todos, evitando la ampliación de brechas digitales y sociales y asegurando que los beneficios de la tecnología se compartan ampliamente.

El futuro de la IA en aplicaciones prácticas es brillante y lleno de potencial, pero también plantea desafíos significativos que deben ser abordados de manera proactiva. La colaboración internacional, la inversión en educación y capacitación, y un enfoque ético en el desarrollo y la implementación de la IA serán clave para aprovechar al máximo las oportunidades que esta tecnología promete para el futuro.

Resumen

- La IA se ha convertido en una fuerza transformadora en diversos sectores, mejorando la eficiencia, la precisión y la personalización en campos como la salud, la industria, las finanzas, el transporte y más.
- En el ámbito de la salud, la IA facilita diagnósticos asistidos, tratamientos personalizados y una gestión eficaz de la atención al paciente.
- En la industria y la manufactura, optimiza las cadenas de suministro y mejora la producción.
- En las finanzas, la IA se emplea en la detección de fraudes y la personalización de servicios, mientras que en el transporte, contribuye al desarrollo de vehículos autónomos y la optimización del tráfico.
- En el retail y el e-commerce, la IA mejora la experiencia de compra mediante recomendaciones personalizadas y gestión inteligente de inventarios.
- En el entretenimiento, personaliza el contenido de streaming y mejora la experiencia de los videojuegos.
- La robótica, impulsada por la IA, avanza en autonomía y adaptabilidad, con aplicaciones en logística, asistencia personal y entornos peligrosos.
- La IA en el aprendizaje automático permite a las máquinas mejorar su rendimiento con la experiencia, aplicándose en diagnósticos médicos, sistemas de recomendación y más.
- En el entretenimiento, la IA enriquece los videojuegos y la realidad virtual con NPCs inteligentes y ambientes dinámicos.
- En la exploración espacial, la IA mejora la autonomía de los robots y vehículos, y en el sector automotriz, avanza en vehículos autónomos y sistemas de asistencia al conductor.

- Los sistemas de recomendación personalizan experiencias en comercio electrónico y streaming, mientras que los asistentes virtuales revolucionan la atención al cliente.
- La IA en medicina mejora los diagnósticos y tratamientos, y en la investigación biomédica, acelera el descubrimiento de fármacos y el análisis genómico.
- En los medios de comunicación, la IA enfrenta desafíos éticos con deepfakes y fake news, requiriendo estrategias de detección y mitigación.
- La vigilancia inteligente mejora la seguridad pero plantea preocupaciones de privacidad, mientras que el futuro de la IA promete avances en automatización, salud, educación y sostenibilidad, resaltando la importancia de la ética y la inclusión en su desarrollo.

UNIDAD

1.4. Reflexiones sobre las Implicaciones de la Inteligencia Artificial

Contenido de la Unidad

- Introducción a las Implicaciones de la IA
- Ética en la Era de la IA
- Nuevos Horizontes en la Interacción Humano-Inteligencia Artificial
- Transformación del Mercado Laboral
- Repercusiones en la Economía Global
- Evolución de las Relaciones Humanas en la Era Digital
- Transparencia y Comprensibilidad en los Sistemas de IA
- Resumen

ICB
EDITORES

1. Introducción a las Implicaciones de la IA

1.1. Propósito de la Sección

Esta sección tiene como objetivo principal establecer un marco de comprensión sobre las diversas implicaciones que la inteligencia artificial (IA) conlleva en múltiples dimensiones de la sociedad humana. Se busca no solo destacar los avances tecnológicos y las oportunidades que estos ofrecen, sino también reflexionar sobre los desafíos éticos, sociales, económicos y profesionales que emergen a raíz de la integración de sistemas de IA en nuestras vidas diarias. La intención es proporcionar una base sólida que permita una exploración crítica y equilibrada de estos temas en las secciones subsiguientes.

1.2. Visión General de las Implicaciones

Las implicaciones de la inteligencia artificial son vastas y multifacéticas, afectando desde la forma en que interactuamos entre nosotros y con la tecnología, hasta la estructura fundamental de nuestras economías y la naturaleza del trabajo.

A medida que la IA se integra en sectores como la salud, la educación, la seguridad y el entretenimiento, surgen preguntas importantes sobre la privacidad, la seguridad de los datos, la equidad y la inclusión. Además, la adopción de la IA plantea interrogantes sobre la disrupción laboral, la reconfiguración de las industrias y la necesidad de políticas que promuevan un desarrollo equitativo y sostenible.

Por otro lado, la IA también ofrece oportunidades sin precedentes para abordar desafíos complejos, mejorar la eficiencia en diversos procesos y fomentar innovaciones que pueden impulsar el progreso humano. La capacidad de la IA para analizar grandes volúmenes de datos y extraer patrones puede ser instrumental en la lucha contra el cambio climático, la mejora de los sistemas de salud pública y la creación de sistemas de transporte más seguros y eficientes.

En resumen, esta sección sienta las bases para una exploración detallada de cómo la inteligencia artificial está redefiniendo los límites de lo posible, al tiempo que plantea preguntas fundamentales sobre el tipo de futuro que queremos construir con la ayuda de estas poderosas herramientas tecnológicas.

2. ÉTICA EN LA ERA DE LA IA

La incursión de la inteligencia artificial (IA) en prácticamente todos los aspectos de la vida humana ha traído consigo un complejo entramado de cuestiones éticas que requieren un análisis profundo y considerado. La ética en la era de la IA abarca desde las decisiones de diseño y desarrollo hasta las implicaciones de su aplicación en la sociedad. Esta sección se adentra en los desafíos éticos que presenta la IA y reflexiona sobre cómo se puede lograr un equilibrio entre la innovación tecnológica y la responsabilidad ética.

2.1. Desafíos Éticos del Desarrollo y la Aplicación de la IA

El desarrollo y la aplicación de tecnologías de IA implican una serie de desafíos éticos fundamentales que los desarrolladores, reguladores y usuarios deben enfrentar conscientemente:

- Sesgo y Justicia: Uno de los desafíos más prominentes es el riesgo de que los sistemas de IA perpetúen o incluso exacerben sesgos existentes en los datos en los que son entrenados. Esto puede llevar a resultados discriminatorios en áreas críticas como el empleo, la justicia penal y el crédito.

- Transparencia y Explicabilidad: La "caja negra" de muchos algoritmos de IA plantea problemas significativos en cuanto a la transparencia y la capacidad de explicar cómo se llega a ciertas decisiones. Esto es crucial para la confianza y la rendición de cuentas, especialmente en aplicaciones que afectan la vida de las personas.

- Privacidad y Seguridad de los Datos: La recolección y análisis de grandes volúmenes de datos personales, esenciales para el funcionamiento de muchos sistemas de IA, plantean serias preocupaciones sobre la privacidad y la seguridad de la información personal.

- Autonomía Humana: La automatización avanzada plantea preguntas sobre el grado en que los sistemas de IA deberían tomar decisiones independientes, especialmente en contextos críticos como la asistencia médica, la seguridad y el transporte.

- Impacto en el Empleo: La automatización impulsada por la IA tiene el potencial de desplazar significativamente la mano de obra en varios sectores, lo que plantea preguntas éticas sobre la responsabilidad de mitigar estos efectos.

2.2. Equilibrio entre Innovación y Responsabilidad Ética

Lograr un equilibrio entre la rápida innovación en IA y la adherencia a principios éticos sólidos es un imperativo para garantizar que los beneficios de la IA se maximicen mientras se minimizan sus riesgos:

- Desarrollo Inclusivo y Participativo: La inclusión de una amplia gama de voces, incluidas las de grupos marginados y subrepresentados, en el proceso de desarrollo de la IA puede ayudar a identificar y mitigar posibles sesgos y asegurar que los sistemas sean justos y equitativos.

- Normativas y Políticas: La creación de marcos regulatorios que promuevan prácticas éticas en el desarrollo y despliegue de la IA es fundamental. Estas normativas deben ser flexibles para adaptarse a la rápida evolución tecnológica, pero lo suficientemente sólidas para asegurar la protección de derechos fundamentales.

- Educación y Sensibilización: La educación sobre los principios éticos de la IA y la sensibilización sobre sus implicaciones sociales deben ser parte integral de la formación de desarrolladores, usuarios y reguladores.

- Auditorías Éticas y de Impacto: La implementación de auditorías regulares que evalúen los impactos éticos y sociales de los sistemas de IA puede ayudar a identificar problemas y corregirlos de manera proactiva.

En resumen, la ética en la era de la IA no es solo un conjunto de desafíos a superar, sino una oportunidad para reafirmar los valores humanos fundamentales en la forma en que diseñamos, desarrollamos y desplegamos tecnologías que tienen el potencial de transformar nuestra sociedad.

3. Nuevos Horizontes en la Interacción Humano-Inteligencia Artificial

La interacción entre humanos y sistemas de inteligencia artificial (IA) está avanzando a un ritmo sin precedentes, remodelando la manera en que concebimos la comunicación, la colaboración y la coexistencia entre seres humanos y máquinas.

Este nuevo paradigma no solo amplía las capacidades humanas, sino que también plantea preguntas fundamentales sobre la naturaleza de la inteligencia, la conciencia y la identidad.

3.1. Actualización de la Prueba de Turing

La Prueba de Turing, propuesta por Alan Turing en 1950, ha sido un punto de referencia fundamental en la evaluación de la inteligencia de las máquinas.

La prueba original desafía a una máquina a exhibir un comportamiento indistinguible del humano en una conversación, de tal manera que un interlocutor humano no pueda diferenciar de manera consistente si está interactuando con una máquina o con otro ser humano.

Sin embargo, el avance en tecnologías de IA, particularmente en el ámbito del procesamiento del lenguaje natural y la generación de respuestas contextualmente relevantes, ha llevado a una reevaluación de la Prueba de Turing y su relevancia en la era moderna. La capacidad de las máquinas para pasar la Prueba de Turing ya no se considera el único, ni el más significativo, indicador de inteligencia artificial:

- Más allá de la Imitación: La nueva generación de IA busca ir más allá de la mera imitación de respuestas humanas y hacia el desarrollo de sistemas que pueden entender, razonar, aprender de manera autónoma y exhibir creatividad. Esto sugiere la necesidad de criterios más complejos y matizados para evaluar la inteligencia de las máquinas.
- Interacciones Multimodales: La interacción humano-IA ya no se limita al texto o la voz. Las interfaces multimodales, que incluyen gestos, expresiones faciales y otros canales no verbales, están enriqueciendo la comunicación entre humanos y máquinas, lo que requiere una actualización de la Prueba de Turing para abarcar estas dimensiones.
- Ética y Empatía: Las capacidades de IA que implican la comprensión y la generación de respuestas emocionales plantean la cuestión de si la empatía y la comprensión ética deben incorporarse en los criterios para evaluar la inteligencia artificial. Esto podría implicar la capacidad de una IA para no solo entender las emociones humanas sino también responder de manera ética y socialmente responsable.
- Colaboración Creativa: La capacidad de las IA para participar en procesos creativos junto a los humanos, aportando ideas originales y soluciones innovadoras, sugiere la necesidad de criterios que evalúen la contribución de las IA al pensamiento creativo y a la resolución de problemas complejos.

La actualización de la Prueba de Turing en la era moderna de la IA refleja un cambio hacia la evaluación de sistemas que no solo simulan la interacción humana, sino que también aportan valor a través de la comprensión, la creatividad y la colaboración ética. Este enfoque ampliado es esencial para integrar de manera efectiva la IA en los tejidos sociales y profesionales, maximizando sus beneficios mientras se gestionan los desafíos éticos y sociales inherentes.

3.2. Implicaciones para la Comunicación y la Cognición

La integración de la inteligencia artificial (IA) en la interacción humano-máquina está transformando fundamentalmente los paradigmas de comunicación y los procesos cognitivos. Estos cambios tienen profundas implicaciones tanto para el individuo como para la sociedad en su conjunto.

- Transformación de la Comunicación:
  - Interacción Intuitiva: La IA está facilitando formas de comunicación más naturales e intuitivas entre humanos y máquinas. La capacidad de las interfaces de usuario para interpretar el lenguaje natural, las expresiones faciales y los gestos permite una interacción más fluida y accesible, eliminando barreras técnicas y cognitivas para la adopción de tecnología.
  - Personalización y Contextualización: Los sistemas de IA pueden adaptar sus respuestas y sugerencias a las necesidades, preferencias y contextos específicos del usuario. Esta personalización mejora la relevancia y eficacia de la comunicación, ofreciendo experiencias altamente individualizadas.
  - Eliminación de Barreras Lingüísticas: La traducción automática y la interpretación en tiempo real facilitadas por la IA están rompiendo las barreras lingüísticas, permitiendo una comunicación fluida entre personas de diferentes culturas y lenguas, lo que fomenta una mayor inclusión y entendimiento global.
- Evolución de la Cognición:
  - Ampliación de la Capacidad Cognitiva: La IA puede actuar como una extensión de la capacidad cognitiva humana, asumiendo tareas rutinarias o analizando grandes volúmenes de datos para extraer insights valiosos. Esto libera recursos cognitivos humanos para tareas más creativas y estratégicas.
  - Aprendizaje y Educación: Los sistemas de IA personalizados están revolucionando la educación al adaptar el material de aprendizaje al ritmo y estilo de aprendizaje de cada estudiante, proporcionando retroalimentación instantánea y fomentando un aprendizaje más eficaz y centrado en el alumno.

- ⇨ Cambios en la Toma de Decisiones: La capacidad de la IA para procesar y analizar grandes cantidades de información puede influir en la toma de decisiones humanas, ofreciendo recomendaciones basadas en datos y predicciones de resultados. Sin embargo, esto también plantea la necesidad de mantener un equilibrio crítico entre las sugerencias basadas en IA y el juicio humano intuitivo.

- ♦ Desafíos y Consideraciones:
  - ⇨ Dependencia Tecnológica: La creciente dependencia de los sistemas de IA plantea preguntas sobre la resiliencia personal y social en caso de fallos tecnológicos o mal uso de la tecnología.
  - ⇨ Privacidad y Autonomía: A medida que la IA se integra más en la vida cotidiana, es crucial abordar las preocupaciones sobre la privacidad y la autonomía personal, asegurando que los individuos retengan el control sobre sus datos y decisiones.
  - ⇨ Ética de la Comunicación: La capacidad de la IA para influir en la opinión pública y el comportamiento individual a través de la comunicación personalizada requiere una reflexión ética profunda para evitar manipulaciones y garantizar una interacción ética.

Las implicaciones de la IA para la comunicación y la cognición son vastas y transformadoras, ofreciendo oportunidades sin precedentes para la mejora de la interacción humana y la expansión de las capacidades cognitivas. Sin embargo, estas oportunidades vienen acompañadas de desafíos significativos que requieren una consideración cuidadosa para garantizar que los beneficios de la IA se realicen de manera ética y sostenible.

4. Transformación del Mercado Laboral

La integración de la inteligencia artificial (IA) y la automatización en el mercado laboral está provocando una transformación profunda en la naturaleza del trabajo, la estructura de las industrias y las habilidades requeridas para la fuerza laboral del futuro. Esta sección explora cómo la IA está reconfigurando los trabajos existentes y al mismo tiempo, generando nuevas oportunidades laborales, subrayando la importancia de la capacitación y la educación para navegar en este cambiante panorama laboral.

4.1. IA y Automatización: Reconfiguración de los Trabajos

La automatización impulsada por la IA está redefiniendo roles y tareas en una amplia gama de sectores, desde la manufactura y el transporte hasta los servicios profesionales y la atención médica:

- Automatización de Tareas Rutinarias: La IA está asumiendo tareas repetitivas y basadas en reglas, permitiendo a los trabajadores centrarse en actividades que requieren creatividad, juicio crítico y habilidades interpersonales. Esto puede aumentar la eficiencia y la productividad, pero también requiere una reevaluación de los roles laborales tradicionales.
- Reconfiguración de Trabajos: En muchos casos, la automatización no elimina empleos por completo, sino que transforma su naturaleza. Los trabajadores pueden necesitar adaptarse a trabajar junto con sistemas de IA, supervisando su funcionamiento, interpretando sus resultados y realizando tareas que requieren un toque humano.
- Desplazamiento Laboral: Si bien la IA crea oportunidades, también plantea el riesgo de desplazamiento laboral, especialmente en sectores altamente automatizables. Este desafío subraya la necesidad de políticas laborales y sistemas de apoyo social que faciliten la transición de los trabajadores hacia nuevos roles.

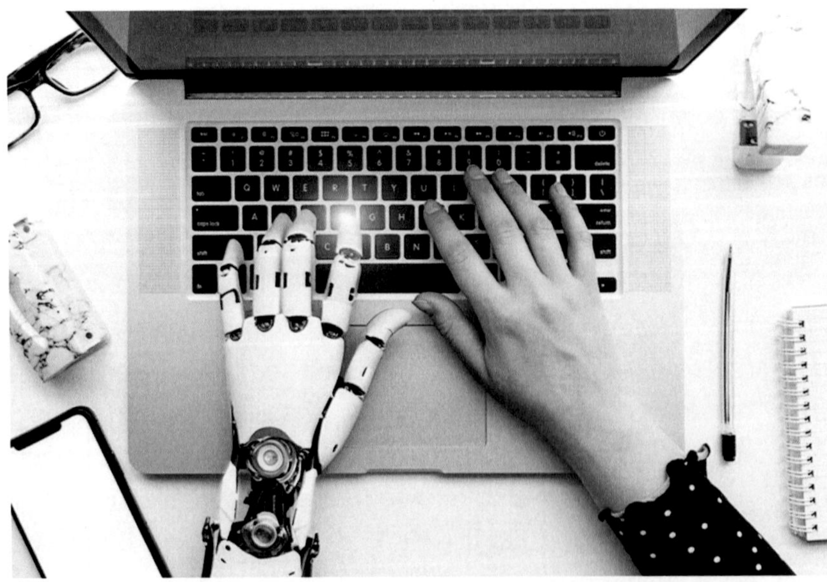

4.2. Creación de Nuevos Roles y Capacitación para el Futuro

La evolución tecnológica está generando nuevos roles y demandando habilidades inéditas, lo que abre oportunidades para la creación de empleo y el desarrollo profesional:

- Nuevos Roles Profesionales: La IA y la automatización están dando lugar a nuevas categorías de empleo, como especialistas en ética de la IA, ingenieros de aprendizaje automático, analistas de datos y expertos en experiencia de usuario para sistemas inteligentes. Estos roles aprovechan las capacidades únicas de la IA, al tiempo que abordan sus desafíos éticos y prácticos.
- Habilidades del Siglo XXI: La demanda de habilidades técnicas relacionadas con la IA y la tecnología digital va en aumento, junto con habilidades blandas como la creatividad, el pensamiento crítico, la resiliencia y la adaptabilidad. La capacidad para aprender y adaptarse continuamente es crucial en un mercado laboral en constante evolución.
- Capacitación y Educación: La educación y la capacitación profesional deben evolucionar para preparar a la fuerza laboral para este futuro cambiante. Esto incluye no solo la enseñanza de habilidades técnicas, sino también el fomento de la capacidad de adaptación y el aprendizaje permanente.
- Colaboración entre Sectores: La transformación del mercado laboral requiere una colaboración estrecha entre gobiernos, instituciones educativas, empresas y trabajadores para desarrollar políticas y programas que faciliten la transición laboral, promuevan la educación continua y apoyen la innovación en la creación de empleo.

5. Repercusiones en la Economía Global

La adopción generalizada de la inteligencia artificial (IA) está ejerciendo un profundo impacto en la economía global, redefiniendo industrias enteras, alterando cadenas de valor y creando nuevas dinámicas competitivas. Esta sección aborda cómo la IA está moldeando la economía y la industria a nivel mundial, y examina los desafíos y oportunidades específicos que presenta para los países en desarrollo.

5.1. Impacto de la IA en la Economía y la Industria

La IA tiene el potencial de impulsar significativamente el crecimiento económico y la productividad, pero también plantea desafíos en términos de desigualdad y disrupción del mercado laboral:

- Aumento de la Productividad: La implementación de sistemas de IA en sectores como manufactura, servicios financieros, salud y educación puede aumentar la eficiencia operativa, reducir costos y mejorar la calidad de los servicios, contribuyendo así al crecimiento económico.
- Innovación en Productos y Servicios: La IA está permitiendo el desarrollo de nuevos productos y servicios, desde vehículos autónomos hasta diagnósticos médicos avanzados, abriendo nuevos mercados y oportunidades de negocio.
- Transformación de las Cadenas de Suministro: La IA y la automatización están optimizando las cadenas de suministro, permitiendo una gestión más eficiente de los inventarios, mejorando la logística y reduciendo los tiempos de entrega, lo que se traduce en una mayor competitividad a nivel global.
- Desigualdad Económica: La concentración de la capacidad y el conocimiento de la IA en ciertas empresas y países podría ampliar la brecha económica entre las naciones y dentro de ellas, exacerbando la desigualdad.

5.2. Desafíos y Oportunidades para los Países en Desarrollo

Para los países en desarrollo, la IA ofrece oportunidades para el salto tecnológico y el desarrollo económico, pero también presenta desafíos únicos:

- Acceso a la Tecnología: La adopción de la IA requiere acceso a tecnologías avanzadas, infraestructura de datos y habilidades técnicas, recursos que pueden ser limitados en los países en desarrollo.
- Capacitación y Educación: La creación de una fuerza laboral capacitada en IA es fundamental para aprovechar sus beneficios. Esto implica inversiones significativas en educación y formación profesional.

- Inclusión Digital: Para garantizar que los beneficios de la IA se distribuyan equitativamente, es crucial abordar la brecha digital y asegurar que las comunidades marginadas tengan acceso a la tecnología y la capacitación.
- Desarrollo Sostenible: Los países en desarrollo pueden utilizar la IA para abordar desafíos específicos como el cambio climático, la seguridad alimentaria y la salud pública, promoviendo un desarrollo más sostenible.
- Políticas y Marco Regulatorio: Establecer políticas y marcos regulatorios que fomenten la inversión en IA, protejan los datos personales y promuevan prácticas éticas es esencial para crear un entorno propicio para el desarrollo de la IA.

6. Evolución de las Relaciones Humanas en la Era Digital

La era digital, marcada por avances significativos en inteligencia artificial (IA) y tecnologías relacionadas, está redefiniendo la naturaleza de las interacciones humanas y el tejido social en su conjunto. Esta sección examina cómo la IA está influyendo en las relaciones y la comunicación entre las personas, resaltando tanto los aspectos positivos como los desafíos que emergen de esta nueva dinámica.

6.1. Influencia de la IA en las Interacciones Sociales

La penetración de la IA en la vida cotidiana ha modificado las formas en que las personas se conectan, comunican y entienden mutuamente, con implicaciones significativas para las relaciones sociales:

- Comunicación Mejorada: Las herramientas de IA, como los asistentes personales virtuales y las plataformas de traducción automática, están facilitando la comunicación, eliminando barreras lingüísticas y permitiendo interacciones más fluidas y accesibles entre individuos de diferentes culturas y geografías.
- Redes Sociales y Personalización: La IA está transformando las redes sociales mediante algoritmos que personalizan el contenido, las noticias y las interacciones, lo que puede fortalecer las conexiones entre individuos con intereses similares. Sin embargo, esto también plantea preocupaciones sobre las "cámaras de eco" y la polarización.

- Relaciones Virtuales: La emergencia de personajes y asistentes virtuales impulsados por IA está creando nuevas formas de interacción social, donde las personas forman vínculos emocionales con entidades no humanas. Esto plantea preguntas sobre la naturaleza de la conexión y la soledad en la era digital.

- Impacto en la Empatía y las Habilidades Sociales: La dependencia de la comunicación mediada por tecnología y la interacción con sistemas de IA podría influir en el desarrollo y la expresión de la empatía y las habilidades sociales, especialmente en las generaciones más jóvenes.

- Accesibilidad e Inclusión: La IA tiene el potencial de mejorar la accesibilidad para personas con discapacidades, ofreciendo tecnologías que facilitan la comunicación y la interacción social, como sistemas de reconocimiento de voz y dispositivos de asistencia.

- Privacidad y Confianza: A medida que la IA se integra más en las interacciones sociales, surgen preocupaciones sobre la privacidad, la seguridad de los datos y la confianza, especialmente en contextos donde la información personal sensible se comparte a través de plataformas digitales.

- Dinámicas de Poder y Control: La influencia de algoritmos de IA en la presentación y el consumo de información en plataformas digitales puede afectar las dinámicas de poder en las relaciones sociales, dando a las entidades que controlan estos algoritmos una influencia significativa sobre la percepción y el comportamiento social.

6.2. Cambios en la Dinámica de las Relaciones Personales y Profesionales

La influencia de la inteligencia artificial (IA) en la era digital está redefiniendo las dinámicas tanto de las relaciones personales como de las profesionales. La integración de tecnologías avanzadas en la vida cotidiana y en el entorno laboral está modificando la forma en que las personas interactúan, colaboran y se relacionan entre sí.

- Relaciones Personales:
  - ⇨ Interacciones Enriquecidas: Las aplicaciones de IA, como las plataformas de redes sociales y las aplicaciones de mensajería, están enriqueciendo las interacciones personales al permitir nuevas formas de comunicación y expresión. La personalización del contenido y las recomendaciones puede ayudar a fortalecer los lazos al destacar intereses y eventos comunes.
  - ⇨ Desafíos en la Conexión Humana: La omnipresencia de la tecnología y la interacción constante con dispositivos pueden llevar a una disminución de las interacciones cara a cara, afectando la calidad de las relaciones personales y la capacidad para establecer conexiones humanas profundas.
  - ⇨ Gestión de Relaciones a Larga Distancia: La tecnología de IA facilita la gestión de relaciones a larga distancia mediante herramientas de comunicación que ofrecen experiencias cercanas a la interacción en persona, como videollamadas mejoradas y experiencias compartidas en línea.

- Relaciones Profesionales:
    - ⇨ Colaboración Mejorada: En el ámbito profesional, la IA está mejorando la colaboración a través de herramientas que optimizan la gestión de proyectos, la comunicación en equipo y la toma de decisiones basada en datos. Esto puede llevar a equipos más eficientes y a una mayor innovación.
    - ⇨ Automatización y Redefinición de Roles: La automatización de tareas rutinarias está cambiando la naturaleza de muchos trabajos, lo que puede afectar la dinámica de las relaciones profesionales. La redefinición de roles y responsabilidades puede influir en la estructura organizativa y en la interacción entre colegas.
    - ⇨ Nuevas Habilidades y Competencias: La integración de la IA en el lugar de trabajo está creando una demanda de nuevas habilidades y competencias, lo que puede alterar las jerarquías tradicionales y abrir nuevas vías para el liderazgo y la innovación basada en el conocimiento tecnológico.
    - ⇨ Desafíos en la Equidad y la Inclusión: La adopción de tecnologías de IA en el lugar de trabajo debe gestionarse cuidadosamente para evitar la creación de brechas en el acceso a oportunidades, capacitación y desarrollo, garantizando la equidad y la inclusión para todos los empleados.
- Consideraciones Éticas y Sociales:
    - ⇨ Privacidad y Seguridad: Tanto en las relaciones personales como profesionales, la recopilación y el análisis de datos personales por parte de sistemas de IA plantean preocupaciones significativas sobre la privacidad y la seguridad, lo que requiere políticas claras y transparencia.
    - ⇨ Confianza y Transparencia: La confianza en las relaciones se ve afectada por la forma en que se utilizan y se comunican las decisiones basadas en IA, destacando la necesidad de transparencia y comprensión mutua sobre el uso de estas tecnologías.

7. TRANSPARENCIA Y COMPRENSIBILIDAD EN LOS SISTEMAS DE IA

A medida que la inteligencia artificial (IA) se integra cada vez más en diversos aspectos de la vida cotidiana y las operaciones empresariales, la transparencia y la comprensibilidad de estos sistemas se vuelven críticas.

La capacidad de comprender y confiar en las decisiones tomadas por la IA es fundamental para su aceptación y uso ético.

7.1. La Importancia de la Explicabilidad de los Resultados de la Inteligencia Artificial

La explicabilidad se refiere a la capacidad de explicar de manera comprensible los procesos y decisiones de un sistema de Inteligencia Artificial.

La importancia de la explicabilidad radica en varios factores clave:

- Confianza: Los usuarios y las partes interesadas son más propensos a confiar en la IA si entienden cómo llega a sus conclusiones o recomendaciones. La transparencia en el proceso de toma de decisiones fomenta la confianza y la aceptación.
- Rendición de Cuentas: En situaciones donde las decisiones de la IA tienen un impacto significativo en la vida de las personas, como en la atención médica, el sistema legal o el empleo, la explicabilidad es crucial para la rendición de cuentas y la justicia.
- Corrección de Errores: La capacidad de interpretar las decisiones de la IA permite a los desarrolladores y usuarios identificar y corregir errores o sesgos en los algoritmos, mejorando la precisión y la equidad de los sistemas.
- Cumplimiento Regulatorio: Con la creciente regulación en torno a la IA, la explicabilidad se convierte en un requisito legal en muchos contextos, asegurando que los sistemas cumplan con las normativas de privacidad, no discriminación y derechos de los consumidores.

7.2. Estrategias para Mejorar la Confianza y la Adopción

Para mejorar la transparencia, la comprensibilidad y, en última instancia, la confianza y adopción de los sistemas de IA, se pueden implementar varias estrategias:

- Diseño Centrado en el Usuario: Desarrollar sistemas de IA con una interfaz y una experiencia de usuario que prioricen la claridad y la accesibilidad. Esto implica presentar información de manera que los usuarios no técnicos puedan entender fácilmente.
- Técnicas de IA Explicable (XAI): Implementar enfoques de IA Explicable que proporcionen insights sobre el razonamiento del sistema. Esto puede incluir la generación de explicaciones en lenguaje natural para las decisiones de IA o la visualización de los factores que influyen en esas decisiones.
- Auditorías y Evaluaciones Independientes: Establecer procesos de revisión y auditoría por parte de terceros independientes para evaluar la transparencia, la equidad y la seguridad de los sistemas de IA. Esto puede ayudar a identificar y mitigar sesgos inadvertidos y otros problemas.
- Educación y Capacitación: Ofrecer recursos educativos y oportunidades de capacitación para usuarios y desarrolladores puede ayudar a mejorar la comprensión de cómo funcionan los sistemas de IA y cómo se pueden utilizar de manera efectiva y ética.
- Participación de las Partes Interesadas: Incluir a una amplia gama de partes interesadas en el proceso de diseño y desarrollo de la IA para asegurar que los sistemas sean inclusivos, equitativos y alineados con las necesidades y valores de la comunidad.
- Políticas de Transparencia: Desarrollar y seguir políticas corporativas o institucionales que promuevan la transparencia en el desarrollo y despliegue de IA, incluyendo la divulgación de las capacidades, limitaciones y bases de datos de entrenamiento de los sistemas.

Al adoptar estas estrategias, los desarrolladores y las organizaciones pueden avanzar hacia sistemas de IA más transparentes y comprensibles, fomentando una mayor confianza y adopción por parte de los usuarios y beneficiando a la sociedad en su conjunto.

Resumen

- La inteligencia artificial (IA) está transformando las interacciones humanas, la economía, el mercado laboral y plantea desafíos éticos significativos.
- Su integración en sectores como la salud y el transporte mejora la eficiencia y ofrece soluciones innovadoras, pero también suscita preocupaciones sobre la privacidad y la equidad.
- La transparencia y la explicabilidad en los sistemas de IA son cruciales para ganar confianza y asegurar la rendición de cuentas, especialmente en áreas críticas como la justicia y el empleo.
- La IA está redefiniendo el trabajo, automatizando tareas rutinarias y creando nuevos roles profesionales, lo que requiere una adaptación continua y una capacitación enfocada en habilidades del siglo XXI.
- A nivel global, la IA promete impulsar el crecimiento económico y la innovación, pero presenta desafíos para la equidad y el desarrollo sostenible, especialmente en países en desarrollo.
- Es fundamental abordar estos desafíos éticos y sociales mediante regulaciones claras, desarrollo inclusivo y políticas que promuevan un desarrollo equitativo y sostenible de la IA.

ICB
EDITORES

UNIDAD

1.5. Desmitificando el Procesamiento de Lenguaje Natural con Inteligencia Artificial

Contenido de la Unidad

- Fundamentos del PLN
- Generación de Texto con IA: Un Viaje de Principio a Fin
- Herramientas Innovadoras en PLN
- Estudio de Caso: Creación de Contenido Artístico con IA
- Reflexiones Finales sobre el PLN
- Resumen

ICB
EDITORES

1. Fundamentos del PLN

El Procesamiento del Lenguaje Natural (PLN) es una rama de la inteligencia artificial que se centra en la interacción entre las computadoras y los humanos a través del lenguaje natural. El objetivo principal del PLN es permitir que las computadoras comprendan, interpreten y manipulen el lenguaje humano de una manera que sea tanto valiosa como eficazmente automática.

1.1. Objetivos y Alcance del PLN

- **Objetivos del PLN:**

  - Comprensión: Facilitar a las máquinas la capacidad de entender el texto y el habla humanos como lo haría una persona, interpretando el significado, el contexto y las intenciones detrás de las palabras.
  - Generación: Permitir que las computadoras generen respuestas y comunicaciones en un lenguaje natural que sean coherentes, contextuales y relevantes para las interacciones humanas.
  - Traducción: Proporcionar herramientas capaces de traducir automáticamente textos y discursos entre diversos idiomas con alta precisión y fluidez.
  - Asistencia: Mejorar la interacción entre humanos y máquinas para ofrecer asistencia personalizada y automatizada, como en los asistentes virtuales y los chatbots.

- **Alcance del PLN:**

El alcance del PLN es amplio y se extiende a múltiples aplicaciones y disciplinas, incluyendo pero no limitándose a:

  - Análisis de Sentimientos: Evaluar y clasificar las opiniones y emociones expresadas en el texto, útil en áreas como el marketing y la monitorización de redes sociales.
  - Reconocimiento de Voz: Convertir el habla humana en texto, fundamental para los asistentes de voz y las aplicaciones de transcripción.

⇨ Extracción de Información: Identificar y extraer automáticamente información clave, como nombres, fechas y lugares, de grandes volúmenes de texto.

⇨ Sumarización Automática: Generar resúmenes concisos y relevantes de documentos extensos, facilitando la gestión del conocimiento y la toma de decisiones.

El PLN abarca una variedad de técnicas y tecnologías, desde reglas lingüísticas hasta algoritmos de aprendizaje automático y aprendizaje profundo, adaptándose constantemente a las nuevas demandas y evoluciones del lenguaje humano.

1.2. Principios Básicos y Componentes Clave

El PLN se fundamenta en varios principios básicos y se estructura alrededor de componentes clave que facilitan la comprensión e interpretación del lenguaje humano por parte de las máquinas.

♦ **Principios Básicos:**

⇨ Lingüística Computacional: Este principio implica el estudio del lenguaje desde una perspectiva computacional, enfocándose en cómo crear modelos que permitan a las máquinas entender y generar lenguaje humano.

⇨ Modelado Estadístico y Aprendizaje Automático: El PLN utiliza modelos estadísticos y algoritmos de aprendizaje automático para analizar patrones en grandes volúmenes de datos lingüísticos, permitiendo a las máquinas aprender de ejemplos pasados y mejorar su capacidad de procesamiento del lenguaje con el tiempo.

⇨ Semántica y Pragmática: Estos principios se refieren a la comprensión del significado de las palabras, frases y textos en contextos específicos, así como el uso del lenguaje en situaciones comunicativas reales.

♦ **Componentes Clave:**

⇨ Análisis Léxico: Se encarga de la identificación y análisis de las palabras, considerando su categoría gramatical y significado. Este componente analiza la estructura de las palabras y las transforma en tokens o unidades básicas para su posterior análisis.

- ⇨ Análisis Sintáctico (Parsing): Implica la descomposición de las estructuras gramaticales de las oraciones para entender la relación entre las palabras y cómo se combinan para formar frases y oraciones con sentido.
- ⇨ Análisis Semántico: Este componente se centra en el significado de las palabras, frases y textos, determinando cómo se combinan las palabras para crear significados y cómo estos significados varían según el contexto.
- ⇨ Reconocimiento del Discurso: Trata sobre la identificación de los componentes del discurso, como los temas, la intención del hablante y el contexto en el que se produce el discurso, para mejorar la comprensión y generación de respuestas.
- ⇨ Desambiguación de Sentidos de Palabras: Este proceso implica determinar el significado correcto de una palabra que tiene múltiples significados, basándose en el contexto en el que se usa.

Estos componentes trabajan de manera integrada dentro de los sistemas de PLN para transformar el lenguaje natural en una forma que las computadoras puedan entender y procesar eficazmente, permitiendo una amplia gama de aplicaciones prácticas en diversos campos.

2. Generación de Texto con IA: Un Viaje de Principio a Fin

2.1. Introducción a la Generación de Texto

La generación de texto con Inteligencia Artificial (IA) representa un campo fascinante y en constante evolución dentro del Procesamiento del Lenguaje Natural (PLN), que permite a las máquinas crear textos coherentes, contextuales y, en algunos casos, indistinguibles de los escritos por humanos.

Este proceso implica el uso de modelos de IA para producir secuencias de texto basadas en datos de entrada, instrucciones o incluso en respuesta a otros textos.

- **Conceptos Clave:**

  ⇨ Autogeneración: La capacidad de los sistemas de IA para crear contenido textual desde cero, utilizando modelos entrenados para estructurar oraciones, párrafos e incluso documentos completos con coherencia y cohesión.

  ⇨ Contextualización: La habilidad de adaptar el texto generado a contextos específicos, teniendo en cuenta el tono, estilo, y la audiencia objetivo, lo cual es crucial para la relevancia y aplicabilidad del contenido generado.

  ⇨ Interactividad: La generación de texto no es un proceso unidireccional; en muchos casos, implica una interacción continua con usuarios humanos, donde la IA responde y adapta su producción textual en tiempo real a los insumos recibidos.

- **Aplicaciones:**

La generación de texto con IA se utiliza en una amplia gama de aplicaciones, desde la creación automática de noticias, pasando por la generación de contenido para redes sociales, hasta la asistencia en la redacción de correos electrónicos y documentos técnicos. Además, en el ámbito creativo, se extiende a la producción de literatura, guiones y poesía, donde la IA ofrece nuevas formas de expresión y colaboración entre humanos y máquinas.

- **Desafíos:**

Pese a sus avances, la generación de texto con IA enfrenta desafíos significativos, como la preservación de la coherencia en textos largos, la gestión de sesgos inherentes a los datos de entrenamiento, y la capacidad para capturar y replicar las sutilezas y complejidades del lenguaje y la comunicación humana.

La generación de texto con IA abre un abanico de posibilidades para la creación y manipulación de contenido textual, promoviendo innovaciones en múltiples campos, al tiempo que plantea cuestiones éticas y técnicas que son objeto de investigación y debate continuos en la comunidad científica y tecnológica.

2.2. Preparación y Análisis de Datos

La preparación y análisis de datos son pasos cruciales en el proceso de generación de texto con Inteligencia Artificial (IA), estableciendo las bases para entrenar modelos de IA efectivos y eficientes.

Estas etapas involucran la recolección, limpieza, organización y análisis de grandes volúmenes de datos textuales, que servirán para enseñar a los modelos a generar texto coherente y relevante.

- **Recolección de Datos:**
    - Diversidad y Calidad: Es fundamental asegurar que los datos recopilados sean variados y de alta calidad, representando una amplia gama de estilos, contextos y estructuras lingüísticas para promover la versatilidad y adaptabilidad del modelo.
    - Fuentes: Los datos pueden provenir de múltiples fuentes, incluyendo libros, artículos, sitios web, redes sociales y corpora lingüísticos especializados, dependiendo de la aplicación específica y el dominio del modelo a entrenar.
- **Limpieza y Preprocesamiento:**
    - Normalización: Este proceso incluye la conversión de todos los textos a un formato estándar, como unificar la codificación de caracteres, corregir errores ortográficos y eliminar caracteres especiales irrelevantes.
    - Tokenización: Implica dividir el texto en unidades básicas (tokens), como palabras o frases, facilitando el análisis y procesamiento posterior por parte del modelo.
    - Eliminación de Ruido: Se refiere a la eliminación de información irrelevante o redundante que podría sesgar o degradar el rendimiento del modelo, como etiquetas HTML, direcciones de correo electrónico o números de teléfono.

- **Análisis de Datos:**
  - ⇨ Exploración: Utilizando técnicas estadísticas y de visualización, los investigadores y desarrolladores pueden obtener una comprensión profunda de los datos, identificando patrones, tendencias y posibles anomalías.
  - ⇨ Corpus Lingüístico: La construcción de un corpus lingüístico bien definido y equilibrado es esencial para asegurar que el modelo aprenda una representación adecuada y diversa del lenguaje.
- **Preparación de Datos para el Entrenamiento:**
  - ⇨ Conjuntos de Datos: Los datos se dividen en conjuntos de entrenamiento, validación y prueba, que permiten entrenar el modelo, afinar sus parámetros y evaluar su rendimiento, respectivamente.
  - ⇨ Codificación y Etiquetado: En algunos casos, los datos deben ser codificados o etiquetados con información adicional, como categorías gramaticales o etiquetas semánticas, para entrenar modelos de IA más complejos y sofisticados.

La cuidadosa preparación y análisis de datos son indispensables para el éxito de los proyectos de generación de texto con IA, ya que los modelos dependen intrínsecamente de la calidad y la representatividad de los datos con los que son entrenados.

2.3. Diseño y Ajuste de Modelos de IA

El diseño y ajuste de modelos de Inteligencia Artificial (IA) para la generación de texto son etapas fundamentales que determinan la efectividad y eficiencia de los sistemas de Procesamiento del Lenguaje Natural (PLN). Estos procesos implican la selección de la arquitectura del modelo, la configuración de sus parámetros y la optimización continua para mejorar su rendimiento.

- **Selección de la Arquitectura del Modelo:**
  - ⇨ Modelos Basados en Reglas: Aunque menos comunes en la actualidad, los modelos basados en reglas utilizan un conjunto predefinido de instrucciones lingüísticas para generar texto. Su uso se limita a aplicaciones muy específicas donde las reglas del lenguaje son bien conocidas y relativamente fijas.
  - ⇨ Modelos Estadísticos y de Aprendizaje Automático: Estos modelos aprenden patrones lingüísticos a partir de grandes volúmenes de datos textuales. Los modelos de n-gramas y los modelos de espacio vectorial son ejemplos tempranos de esta categoría.
  - ⇨ Modelos de Aprendizaje Profundo: Actualmente, los modelos basados en redes neuronales profundas, como las Redes Neuronales Recurrentes (RNN), las Redes Neuronales Convolucionales (CNN) y las Transformadores, son los más utilizados en la generación de texto debido a su capacidad para capturar complejidades lingüísticas y contextuales.
- **Ajuste de Parámetros:**
  - ⇨ Hiperparámetros: La configuración de hiperparámetros, como la tasa de aprendizaje, el tamaño del lote, el número de capas y unidades en una red neuronal, es crucial para el entrenamiento eficaz del modelo. La búsqueda de hiperparámetros óptimos a menudo implica experimentación y validación cruzada.
  - ⇨ Regularización y Prevención del Sobreajuste: Técnicas como el dropout, la regularización L1/L2 y los early stops se utilizan para prevenir el sobreajuste, asegurando que el modelo generalice bien a nuevos datos.

- **Optimización y Evaluación:**
  - Funciones de Pérdida y Optimización: La selección de una función de pérdida adecuada y un algoritmo de optimización (como SGD, Adam, o RMSprop) es fundamental para guiar el aprendizaje del modelo. La función de pérdida cuantifica la diferencia entre las predicciones del modelo y los valores reales, orientando la optimización de los pesos de la red.
  - Evaluación del Modelo: Se emplean métricas específicas, como la Perplejidad (para modelos de lenguaje) y el BLEU (para la traducción automática), para evaluar la calidad y relevancia del texto generado. La evaluación humana también juega un papel crucial en la apreciación de la coherencia y creatividad del texto generado.

El diseño y ajuste de modelos de IA para la generación de texto es un proceso iterativo y altamente experimental, que requiere un equilibrio entre conocimientos técnicos, intuición y una comprensión profunda de las particularidades lingüísticas del dominio de aplicación.

2.4. Proceso de Entrenamiento: Desafíos y Soluciones

El proceso de entrenamiento de modelos de Inteligencia Artificial (IA) para la generación de texto es una fase crítica que implica ajustar los parámetros internos del modelo para mejorar su capacidad de generar texto coherente y relevante. Este proceso enfrenta varios desafíos, para los cuales la comunidad científica ha desarrollado múltiples soluciones.

- Desafíos en el Entrenamiento:
  - Sobreajuste: Un modelo puede llegar a memorizar los datos de entrenamiento en lugar de aprender patrones generales, lo que reduce su capacidad para generalizar a datos no vistos.
  - Diversidad del Texto Generado: Mantener la variabilidad y creatividad en los textos generados es un reto, especialmente cuando el modelo tiende a producir respuestas seguras o genéricas.
  - Comprensión del Contexto Profundo: Los modelos pueden tener dificultades para mantener la coherencia a lo largo de textos largos o para entender matices complejos y referencias contextuales.

- ⇨ Costo Computacional: El entrenamiento de modelos de IA avanzados para la generación de texto, especialmente los basados en arquitecturas de transformadores, puede requerir una cantidad significativa de recursos computacionales y tiempo.

- ♦ Soluciones y Estrategias:

  - ⇨ Regularización y Técnicas de Prevención del Sobreajuste: Métodos como el dropout, la regularización L1 y L2, y el entrenamiento con aumentación de datos ayudan a prevenir el sobreajuste, promoviendo la generalización del modelo.

  - ⇨ Técnicas de Muestreo y Decodificación: Para mejorar la diversidad en la generación de texto, se pueden emplear técnicas de decodificación como el muestreo con temperatura, el beam search con penalizaciones por repetición, y el muestreo top-k/top-p.

  - ⇨ Atención y Memoria: La incorporación de mecanismos de atención y módulos de memoria a largo plazo, como los utilizados en las arquitecturas de transformadores y las redes LSTM, mejora la capacidad de los modelos para manejar contextos largos y complejos.

  - ⇨ Entrenamiento Distribuido y Optimización de Recursos: El uso de técnicas de entrenamiento distribuido y plataformas en la nube permite manejar el costo computacional, aprovechando paralelismo y escalabilidad. La optimización de modelos mediante técnicas como la cuantificación y la poda también puede reducir los requisitos de recursos sin sacrificar significativamente el rendimiento.

El proceso de entrenamiento de modelos de IA para la generación de texto es iterativo y requiere una evaluación continua para ajustar estrategias y técnicas según los desafíos encontrados. La colaboración entre investigadores y la adopción de nuevas innovaciones tecnológicas son clave para superar estos obstáculos y avanzar en el campo de la generación de texto con IA.

2.5. De la Idea al Texto: Generación y Refinamiento

La última etapa en el viaje de la generación de texto con Inteligencia Artificial (IA) es la transformación de una idea inicial en un texto coherente, relevante y bien estructurado.

Este proceso no solo implica la generación inicial de texto, sino también su refinamiento posterior para cumplir con los estándares deseados de calidad, estilo y adecuación al propósito.

- Generación Inicial de Texto:
  - Definición de la Idea: Todo comienza con una idea clara o un conjunto de instrucciones que guían al modelo sobre el tema, estilo, y propósito del texto deseado. Esto puede ser tan simple como una frase de inicio, una palabra clave o un conjunto de requisitos más detallados.
  - Aplicación del Modelo: Utilizando el modelo de IA entrenado, se genera una primera versión del texto. Esta generación puede ser dirigida por diferentes técnicas, como modelos secuenciales que construyen el texto palabra por palabra, o enfoques más recientes que generan bloques de texto más grandes de manera iterativa.
- Refinamiento del Texto:
  - Revisión y Edición: El texto generado inicialmente puede requerir revisiones para corregir errores, mejorar la coherencia o ajustar el tono y estilo. Este paso puede ser automatizado hasta cierto punto, pero a menudo beneficia de la intervención humana para matices finos y calidad editorial.
  - Optimización de la Coherencia: Herramientas y técnicas específicas de PLN, como los resúmenes y la expansión de texto, pueden ayudar a mejorar la coherencia y la fluidez del texto, asegurando que el contenido sea lógico y esté bien estructurado.
  - Personalización: Ajustar el texto para que se alinee con las preferencias específicas del usuario o los requisitos del público objetivo es un paso crucial. Esto puede incluir modificaciones en el vocabulario, la formalidad, y la inclusión de llamados a la acción o mensajes clave.
- Evaluación y Retroalimentación:
  - Evaluación Automatizada: Herramientas de evaluación automatizadas pueden proporcionar métricas iniciales sobre la calidad del texto, como legibilidad, coherencia y relevancia.

- ⇨ Feedback Humano: La evaluación por parte de usuarios o expertos en el dominio es invaluable para capturar la efectividad del texto en comunicar la idea deseada y cumplir con su propósito. Este feedback se puede utilizar para realizar ajustes finales y mejorar los modelos de generación de texto.

El proceso de pasar de la idea al texto y su refinamiento es iterativo y colaborativo, involucrando una sinergia entre las capacidades de la IA y las habilidades humanas para asegurar que el contenido generado cumpla con los objetivos deseados. A través de este proceso, se maximiza el potencial de la generación de texto con IA para una amplia gama de aplicaciones, desde la creación de contenido creativo hasta la generación de informes técnicos y comunicaciones empresariales.

3. Herramientas Innovadoras en PLN

3.1. Neurowriter: Un Ejemplo de Innovación en PLN

Neurowriter es una herramienta representativa de la innovación en el campo del Procesamiento del Lenguaje Natural (PLN), diseñada para transformar la manera en que se crea, edita y personaliza el contenido textual. Aunque Neurowriter es un término hipotético utilizado aquí para ilustrar un concepto, representa el tipo de avances tecnológicos que están emergiendo en el PLN.

- ♦ Características Clave:
  - ⇨ Generación de Texto Adaptativa: Neurowriter utiliza algoritmos avanzados de aprendizaje profundo para generar contenido textual de alta calidad que puede adaptarse a diversos estilos, contextos y propósitos, desde escritura creativa hasta generación de informes técnicos.
  - ⇨ Interfaz Intuitiva: Diseñada para ser accesible tanto para profesionales del lenguaje como para el público en general, la herramienta ofrece una interfaz intuitiva que simplifica la creación y edición de contenido.
  - ⇨ Personalización y Aprendizaje: Capaz de aprender de las interacciones y preferencias del usuario, Neurowriter ofrece recomendaciones personalizadas y ajusta su rendimiento para alinearse mejor con las necesidades específicas de cada usuario.

- Innovaciones Tecnológicas:
    - ⇨ Modelos de Transformadores: Incorporando las últimas innovaciones en arquitecturas de IA, como los modelos basados en transformadores, Neurowriter puede capturar y generar texto con un nivel de coherencia y relevancia contextual que era difícil de alcanzar con tecnologías anteriores.
    - ⇨ Interactividad Mejorada: Mediante el uso de interfaces conversacionales y técnicas de PLN, Neurowriter permite a los usuarios interactuar con la herramienta en lenguaje natural, facilitando un proceso de creación de contenido más dinámico y colaborativo.
- Aplicaciones Potenciales:
    - ⇨ Educación y Aprendizaje: Neurowriter puede servir como una herramienta educativa, ayudando a estudiantes a mejorar sus habilidades de escritura y comprensión lectora mediante la generación de ejercicios y explicaciones personalizadas.
    - ⇨ Contenido Creativo y Medios de Comunicación: En el ámbito creativo, esta herramienta puede asistir en la escritura de guiones, novelas y contenido para redes sociales, proporcionando sugerencias creativas y ayudando a superar el bloqueo del escritor.
    - ⇨ Comunicación Empresarial: Para las empresas, Neurowriter puede automatizar y personalizar la creación de informes, correos electrónicos y material de marketing, mejorando la eficiencia y coherencia de la comunicación corporativa.

Neurowriter simboliza el avance hacia herramientas de PLN más intuitivas, potentes y personalizables, demostrando el potencial de la IA para enriquecer y transformar nuestras interacciones con el lenguaje escrito.

3.2. Casos Prácticos: Aplicaciones Reales de PLN

Las aplicaciones reales del Procesamiento del Lenguaje Natural (PLN) son amplias y variadas, abarcando diferentes sectores e industrias. Aquí se presentan algunos ejemplos destacados que ilustran la versatilidad y el impacto del PLN en el mundo real:

1. Asistentes Virtuales

Los asistentes virtuales como Siri, Alexa y Google Assistant utilizan PLN para entender las preguntas y comandos de los usuarios en lenguaje natural, proporcionando respuestas y realizando acciones en consecuencia. Estos asistentes han revolucionado la manera en que interactuamos con nuestros dispositivos, facilitando tareas cotidianas mediante comandos de voz.

2. Traducción Automática

Herramientas de traducción como Google Translate aplican PLN para convertir texto o voz de un idioma a otro en tiempo real. Estas tecnologías han mejorado significativamente en los últimos años, permitiendo una comunicación más fluida entre hablantes de diferentes idiomas y reduciendo las barreras lingüísticas en el ámbito global.

3. Análisis de Sentimientos

El análisis de sentimientos se utiliza para identificar y clasificar opiniones y emociones expresadas en el texto, siendo ampliamente utilizado en monitoreo de redes sociales, análisis de mercado y gestión de la reputación de marca. Esta aplicación del PLN permite a las empresas entender mejor la percepción del público sobre sus productos, servicios o campañas.

4. Sistemas de Recomendación

Los sistemas de recomendación en plataformas como Netflix y Amazon utilizan PLN para analizar las reseñas y comentarios de los usuarios, ayudando a personalizar y mejorar las recomendaciones de productos o contenidos basados en las preferencias lingüísticas y temáticas expresadas por los usuarios.

5. Detección de Fraudes y Seguridad

En el sector financiero, el PLN se emplea para monitorear y analizar transacciones y comunicaciones en busca de patrones sospechosos o anómalos, ayudando a prevenir fraudes y ataques cibernéticos. La capacidad de analizar texto natural permite identificar rápidamente amenazas potenciales y mitigar riesgos.

6. Asistencia Médica y Diagnósticos

En el ámbito de la salud, el PLN se utiliza para analizar historiales médicos, notas clínicas y literatura científica para asistir en diagnósticos, tratamientos y la investigación médica. Esto facilita la toma de decisiones basadas en datos y mejora la atención al paciente.

7. Educación y Aprendizaje Automático

El PLN está transformando la educación al permitir la creación de herramientas y plataformas educativas personalizadas que pueden adaptarse al nivel y preferencias de aprendizaje de cada estudiante, ofreciendo feedback instantáneo y facilitando el aprendizaje de idiomas.

4. Estudio de Caso: Creación de Contenido Artístico con IA

4.1. Desarrollo de un Proyecto Creativo

La creación de contenido artístico con Inteligencia Artificial (IA) es un campo fascinante que está explorando los límites de la colaboración entre humanos y máquinas. Mediante el uso de tecnologías avanzadas de IA, artistas y tecnólogos están desarrollando proyectos innovadores que abarcan desde la pintura y la música hasta la literatura y las artes escénicas.

♦ Pintura y Artes Visuales

En el ámbito de las artes visuales, la IA se utiliza para crear obras de arte únicas. Mediante algoritmos de aprendizaje profundo, las máquinas pueden generar imágenes que imitan estilos artísticos específicos o producir creaciones completamente originales. Un ejemplo destacado es el proyecto "The Next Rembrandt", donde la IA analizó la obra completa de Rembrandt para crear una nueva pintura que se asemejaba al estilo del maestro holandés.

♦ Música

La IA también está transformando la creación musical. Algoritmos como los de Google's Magenta project están diseñados para entender y componer música en varios géneros. Estas herramientas pueden generar composiciones nuevas o colaborar con músicos humanos, ofreciendo arreglos o variaciones basadas en piezas existentes.

♦ Literatura y Poesía

En literatura, la IA se ha utilizado para escribir poemas, cuentos e incluso novelas. Modelos de lenguaje como GPT-3 de OpenAI han demostrado la capacidad de generar textos coherentes y creativos, aunque la intervención y curación humana siguen siendo esenciales para dar profundidad y cohesión a las obras.

♦ Artes Escénicas

En las artes escénicas, la IA contribuye a la creación de coreografías de danza, diseño de escenarios y experiencias interactivas. Proyectos como "Ephemeral" utilizan la IA para generar coreografías en tiempo real, respondiendo a la música y los movimientos de los bailarines en el escenario.

♦ Retos y Debates

La creación de contenido artístico con IA plantea interesantes preguntas sobre la autoría, la creatividad y el papel de la tecnología en el arte. Algunos ven la IA como una herramienta que amplía las posibilidades creativas, mientras que otros debaten sobre la autenticidad y el valor emocional de las obras generadas por máquinas.

- Conclusión

La IA está abriendo nuevos horizontes en el campo del arte, permitiendo la exploración de territorios inéditos y la creación de obras que desafían las nociones tradicionales de arte y creatividad. La colaboración entre humanos y máquinas promete continuar evolucionando, ofreciendo un sinfín de posibilidades para la expresión artística en el futuro.

4.2. Análisis de Resultados y Aprendizajes

Después de llevar a cabo el proyecto de creación de contenido artístico con IA, es crucial realizar un análisis exhaustivo de los resultados obtenidos y extraer lecciones importantes que puedan guiar proyectos futuros y avanzar en el campo de la inteligencia artificial aplicada al arte.

- Evaluación de las Obras Creadas:

  - Calidad Artística: Se debe evaluar la calidad artística y la originalidad de las obras generadas por la IA en comparación con obras creadas por artistas humanos. Se pueden emplear métricas subjetivas, como la expresividad y la coherencia estilística, así como métricas objetivas, como la técnica y la composición.

  - Recepción del Público: Es importante recopilar comentarios y opiniones del público sobre las obras creadas por la IA. ¿Cómo perciben los espectadores la autenticidad y el impacto emocional de estas obras? ¿Qué valor asignan a la colaboración entre humanos y máquinas en la creación artística?

- Lecciones Aprendidas:

  - ⇨ Importancia de la Colaboración: El proyecto probablemente demostró la importancia de la colaboración entre artistas y tecnólogos en la creación de contenido artístico con IA. Las habilidades creativas humanas son esenciales para guiar y contextualizar las capacidades de la IA.

  - ⇨ Necesidad de Curación Humana: Aunque la IA puede generar contenido artístico sorprendente, el papel de la curación humana en la selección y refinamiento de las obras sigue siendo fundamental. La intervención humana asegura cohesión artística y profundidad conceptual.

  - ⇨ Exploración de Nuevos Territorios: El proyecto probablemente abrió nuevos territorios artísticos y tecnológicos, desafiando las convenciones tradicionales y explorando nuevas formas de expresión. Esto puede inspirar futuras investigaciones y proyectos en el campo de la IA y el arte.

- Consideraciones Éticas y Filosóficas:

  - ⇨ Autoría y Creatividad: El proyecto plantea cuestiones éticas y filosóficas sobre la autoría y la creatividad en la era de la IA. ¿Quién es el "creador" de una obra generada por IA: el algoritmo, el programador, o ambos? ¿Cómo afecta esto a nuestra percepción del arte y la identidad creativa?

  - ⇨ Equidad y Accesibilidad: Es importante considerar la equidad y la accesibilidad en el uso de la IA en el arte. ¿Cómo se pueden abordar los sesgos algorítmicos y garantizar la inclusión de diversas perspectivas y voces en la creación artística con IA?

- Recomendaciones para Futuros Proyectos:

  - ⇨ Experimentación Continua: Se recomienda seguir experimentando y explorando nuevas aplicaciones y técnicas de IA en la creación artística, manteniendo un enfoque interdisciplinario y colaborativo.

⇨ Diálogo Interdisciplinario: Es esencial fomentar el diálogo entre artistas, tecnólogos, filósofos y éticos para abordar los desafíos éticos y filosóficos asociados con la IA en el arte.

⇨ Inclusión y Diversidad: Se debe promover la inclusión y la diversidad en la creación artística con IA, asegurando la representación equitativa de diferentes culturas, identidades y perspectivas.

El análisis de resultados y aprendizajes proporciona una base sólida para futuros proyectos de creación artística con IA, promoviendo la reflexión crítica y la innovación en el campo del arte y la tecnología.

5. Reflexiones Finales sobre el PLN

5.1. Síntesis de Conceptos Clave

El Procesamiento del Lenguaje Natural (PLN) ha emergido como un campo fascinante y prometedor que ha transformado la manera en que interactuamos con la tecnología y comprendemos el lenguaje humano. A lo largo de este contenido, hemos explorado diversos aspectos del PLN, destacando conceptos clave y aplicaciones innovadoras. Aquí ofrecemos una síntesis de los puntos más relevantes:

1. Fundamentos del PLN:

   ⇨ El PLN se enfoca en la interacción entre las computadoras y el lenguaje humano, buscando comprender, interpretar y generar texto de manera inteligente.

   ⇨ Sus aplicaciones son vastas y van desde la traducción automática hasta la generación de texto y la analítica de sentimientos.

2. Generación de Texto con IA:

   ⇨ La generación de texto con IA implica un proceso complejo que abarca desde la preparación y análisis de datos hasta el entrenamiento de modelos y la generación y refinamiento del texto.

   ⇨ Herramientas como Neurowriter ilustran el potencial de la IA para crear contenido textual adaptativo y personalizado.

3. Herramientas Innovadoras en PLN:

   ⇨ Neurowriter y otras herramientas innovadoras en PLN están revolucionando la forma en que creamos y consumimos contenido textual, ofreciendo nuevas posibilidades para la creatividad y la eficiencia.

4. Aplicaciones Prácticas del PLN:

   ⇨ El PLN se aplica en una variedad de campos, desde la atención médica hasta el servicio al cliente, mejorando la eficiencia, la precisión y la personalización de los procesos.

   ⇨ Ejemplos como la detección de fraudes y los sistemas de recomendación destacan el impacto significativo del PLN en diferentes industrias.

5. Creación de Contenido Artístico con IA:

   ⇨ La IA está transformando la creación artística, ofreciendo nuevas herramientas y perspectivas para explorar la expresión creativa y desafiar las convenciones tradicionales.

   ⇨ Proyectos como la generación de poesía y arte visual con IA muestran el potencial de la colaboración entre humanos y máquinas en el arte.

6. Reflexiones Finales:

   ⇨ El PLN presenta desafíos y oportunidades únicas, desde cuestiones éticas y filosóficas hasta consideraciones prácticas de equidad y diversidad.

   ⇨ Es fundamental fomentar un diálogo interdisciplinario y promover la experimentación continua para avanzar de manera responsable y ética en el campo del PLN.

En resumen, el PLN continúa evolucionando rápidamente, ofreciendo un potencial sin precedentes para mejorar la comunicación, la creatividad y la comprensión del lenguaje humano. Sin embargo, es importante abordar de manera reflexiva los desafíos éticos y técnicos asociados con su desarrollo y aplicación, asegurando que el poder de la IA se utilice para el beneficio de la sociedad en su conjunto.

5.2. Perspectivas Futuras en PLN y Generación de Texto con Inteligencia Artificial

El Procesamiento del Lenguaje Natural (PLN) y la generación de texto con Inteligencia Artificial (IA) están en constante evolución, y las perspectivas futuras prometen avances emocionantes y transformadores. Aquí exploramos algunas de las tendencias y áreas de desarrollo que podrían definir el futuro del PLN y la generación de texto con IA:

1. Mejora de Modelos de Lenguaje:

   ⇨ Se espera que los modelos de lenguaje continúen mejorando en escala y calidad, permitiendo una comprensión más profunda y precisa del lenguaje humano.

   ⇨ Los modelos generativos como GPT (Generative Pre-trained Transformer) podrían seguir evolucionando para producir texto aún más coherente, creativo y contextualmente relevante.

2. Integración Multimodal:

   ⇨ Se espera una mayor integración de modalidades como texto, imagen y voz en sistemas de PLN, permitiendo una comprensión más rica y completa del contexto.

   ⇨ Los sistemas multimodales podrían habilitar aplicaciones más avanzadas en áreas como la traducción automática y la generación de contenido creativo.

3. Personalización y Adaptabilidad:

   ⇨ Los sistemas de PLN podrían volverse más personalizados y adaptativos, ajustándose a las preferencias y características individuales de los usuarios.

   ⇨ La generación de contenido adaptado a contextos específicos y perfiles de usuario podría mejorar la relevancia y la utilidad de las aplicaciones de PLN.

4. Énfasis en la Ética y la Transparencia:

   ⇨ Se espera un mayor enfoque en la ética y la transparencia en el desarrollo y aplicación de tecnologías de PLN.

- ⇨ Se necesitarán medidas para abordar sesgos algorítmicos, proteger la privacidad de los usuarios y garantizar la equidad y la inclusión en la generación de texto con IA.

5. Avances en Creatividad Computacional:

   - ⇨ La investigación en creatividad computacional podría abrir nuevas posibilidades para la generación de contenido artístico y literario con IA.
   - ⇨ Se espera que los sistemas de IA sean capaces de colaborar de manera más efectiva con humanos en la creación de obras de arte y narrativas originales.

6. Aplicaciones Especializadas:

   - ⇨ Se anticipa un crecimiento significativo en aplicaciones especializadas de PLN en áreas como la atención médica, el derecho, la educación y la investigación científica.
   - ⇨ Los sistemas de PLN podrían ayudar a automatizar tareas complejas y mejorar la eficiencia y la precisión en una variedad de campos.

7. Colaboración Interdisciplinaria:

   - ⇨ Se espera un aumento en la colaboración interdisciplinaria entre expertos en lingüística, informática, psicología y otras disciplinas para abordar desafíos complejos en PLN.
   - ⇨ La colaboración entre academia, industria y sociedad civil será crucial para impulsar avances significativos y garantizar el uso responsable de la tecnología de PLN.

En resumen, el futuro del PLN y la generación de texto con IA se perfila emocionante y lleno de posibilidades. Con un enfoque en la innovación responsable y la colaboración interdisciplinaria, es probable que veamos avances continuos que transformen la manera en que interactuamos con el lenguaje y creamos contenido en el mundo digital.

Resumen

- ⇨ El Procesamiento del Lenguaje Natural (PLN) abarca la comprensión, interpretación y generación de lenguaje humano por computadoras, con aplicaciones en traducción, asistencia personalizada y análisis de sentimientos.
- ⇨ Los principios del PLN incluyen la lingüística computacional y el modelado estadístico, enfocándose en la semántica y pragmática del lenguaje.
- ⇨ La generación de texto con IA, un subcampo del PLN, facilita la creación automática de contenido relevante y contextual, enfrentando desafíos como la coherencia y el manejo de sesgos.
- ⇨ Herramientas innovadoras como Neurowriter ilustran el potencial del PLN en personalización y adaptabilidad.
- ⇨ El PLN se aplica en asistentes virtuales, traducción automática, análisis de sentimientos y más, redefiniendo interacciones en diversos campos.
- ⇨ En el arte, la IA colabora en la creación de obras visuales y literarias, explorando nuevas formas de expresión creativa.
- ⇨ El futuro del PLN promete modelos de lenguaje más avanzados, integración multimodal y un enfoque en ética y transparencia, ampliando su impacto en la sociedad.